東大生を育てる親は家の中で何をしているのか？

進学塾VAMOS
代表
富永雄輔
Tominaga Yusuke

文響社

はじめに

「伸びる可能性」はどんな子にもある

はじめまして。

東京・吉祥寺で進学塾「VAMOS《バモス》」を主宰している、富永雄輔《とみながゆうすけ》と申します。

私たちの塾は、中学受験の第1志望合格率が7割以上、大学受験では、国立、早慶、医歯薬系の合格率が8割以上という実績から、雑誌などで「合格する塾」として、取り上げていただくことがよくあります。

もっとも実績だけで言えば、同じような、あるいはより良い結果を出している塾が他にもたくさんあるでしょう。

実は、私たちの塾には、「入塾テスト」を行わないというもうひとつの特徴があり、そこに、多くの方々の関心が集まっているようです。

入塾テストを行わないのは、なぜか？

それは、どんな子でも「伸びる可能性」を持っていると考えているからです。

この実感は、塾を設立したときから今日に至るまで、まったく変わっていません。

入塾テストを行わないと、学力レベルはもちろん、性格や考え方の面で、さまざまなタイプの子が集まってきます。育ってきた背景がまったく違うわけですから、それは当然のことでしょう。

ただ、そうして集まってきた個性豊かな子たちと接するうちに、わかってきたことがあります。

それは、指導する側にとって、「(能力を)伸ばしやすい子」「結果が出やすい子」が明らかに存在する、ということです。

「伸びしろ」は家庭の中で育まれる

ところで、私の塾では、お子さんが入塾される前に親御さんとの面談を行います。

また、それとは別に、「受験コンサルタント」という立場から、これまで2000人以上の親御さんのお話をうかがってきました。

そうした経験から、30分も話せば、その親御さんの考え方やお子さんと向き合う姿勢、そして、お子さんとの距離感などがだいたいわかります。

詳しく質問しなくても、ご家庭の様子がハッキリとイメージできるのです。

実を言うと、お子さんがどれくらい伸びるかは、この時点である程度予測がついています。

そして、「この子は伸びるな」と確信を持った子は、入塾時の学力がズバ抜けて良くなくても、着実に成績を伸ばし、東大をはじめとした難関大学にあっさりと合格していくのです。


そもそも、「伸ばしやすい子」とはどういう子なのでしょう？

それは、十分な「伸びしろ」が準備されている子です。

「伸びしろ」とは、さらに成長する余地であり、可能性のこと。

しっかりと「伸びしろ」をつくられた子どもは、きっかけさえ見つかれば、飛躍的に学力を伸ばしていきます。

そして、この「伸びしろ」を育てる場となるのが、それぞれのご家庭なのです。

東大生になるのは難しくない⁉

実は当塾には、卒業生、現役の学生含め、たくさんの東大生講師がいます。もちろん、東大生であれば即採用というわけではありません。受験科目の理解力や指導力はもちろんですが、人間としての魅力を備えているかどうかも、大事な採用基準としています。

そして、採用に至った彼ら・彼女らから感じられるのもまた、「家庭で十分に〝伸びしろ〟が育まれた気配」なのです。

そこに共通しているのは、両親の学歴や、教育にかけられたお金という類のものではありません。ひと言で言うなら、人間としての基礎力を育もうという親御さんの姿勢です。そして、その姿勢さえあれば、子どもを東大に入れることは決して難しいことではないのです。

「いやいや、カエルの子はカエル。習慣をいくら変えたところで、うちの子に東大なんて、絶対に無理！」

そんなふうに思っていませんか？

天才的な頭脳を武器に東大に受かる子は、確かにいます。

ただし、それは合格者の３％程度。

約３０００人いる合格者のうち、せいぜい１００人くらいです。残りの２９００人は、上手に育まれた「伸びしろ」を最大限に生かすことに成功した子。

決して天才や秀才と呼ばれるような、特別の才能を持った子たちではありません。

そう考えると、この２９００人のうちのひとりになるという目標なら、いわゆる普通の子でも、十分にチャンスがあるのです。

東大が難関であることは確かです。

だとしても、越えられない山ではありません。少なくとも世の中の人たちが思っているより、ずっと身近な存在だと私は思っています。

習慣が親と子の意識を変える

もちろん、学力を伸ばすために一番努力しなければならないのは、子ども自身です。

それは間違いありません。

でも、その環境をつくるのは、親の仕事です。

この本では、私たちの塾から東大に合格した子の親御さんや、塾で教えている現役(元)東大生講師のご家庭を取材した結果から、彼・彼女らを育てた親の共通点を「習慣」という形でまとめました。

「習慣」と聞くと、親としての姿勢や考え方を大きく変えなければならない、と感じる方がいるかもしれません。

ご紹介するものの中には、確かに、そういうものもあるでしょう。

また、なかにはご自身の考え方とは大きく違うようなものもあると思います。

しかし、興味を引かれる項目がひとつでもあったら……。

まずはその習慣を真似するところから始めてみてください。

たとえ最初は半信半疑だったとしても、習慣が変われば子どもはすぐに変わります。

それを目の当たりにすると、親としての姿勢や考え方にも自然と変化が現れるでしょう。すると、それを敏感に感じて、ますます子どもは伸びていく――。

これも、受験コンサルタントとしての経験から、私が強く実感していることです。

最後になりましたが、この本が、みなさんのお子さんの可能性を存分に伸ばす一助となれば、著者としてこんなにうれしいことはありません。

進学塾「ＶＡＭＯＳ」代表　富永雄輔

東大生を育てる親は家の中で何をしているのか？　目次

第2章 子どもの自立を助ける6つの習慣

第3章

子どもの可能性を伸ばす6つの習慣

第4章 子どもに継続力をつけさせる4つの習慣

第5章 子どもの集中力を高める5つの習慣

第6章 子どもをうまく叱る4つの習慣

第7章 子どもの成績を伸ばす5つの習慣

第1章

子どもの
自信を育てる
4つの習慣

習慣 1

どんな場面でもほめてあげる

伸びる子の親はほめ上手

東大生を育てる親御さんは、ほぼ例外なく**ほめ上手**です。

「そりゃ、子どもが優秀だから、ほめるところがたくさんあるんでしょ？」と思う人もいるかもしれませんが、決してそういうわけではありません。

どの親御さんも、勉強の結果だけをほめているわけではないですし、ほめることに対する発想そのものが違うような気がします。

私たちの塾で働いている現役東大生の講師たちに聞くと、いたずらや普通なら怒られそうなことをしても、親に叱られた記憶があまりないと話していました。

たとえば、落書き。

ある東大生が、こんなことを話してくれました。

弟と調子にのって部屋の壁に落書きをしていたら、母親に見つかってしまった。絶対怒られるだろうと覚悟して身構えていたら、こう言われたそうです。

「へぇ、うまいじゃない。あなた、絵のセンスあるんじゃない？」

彼は、戸惑いながらも、その言葉で自分の絵に自信がついたと言っていました。

「なんでこんなところに落書きするの!!」と頭ごなしに怒るのは簡単ですが、そう言いたいところをグッとこらえて子どもの行動に注目してみると、かける言葉も変わってきます。

朝寝坊してあわてて学校に行こうとする子どもに、「夜ふかししてるからよ！」と言うのではなく、「その気になれば、10分で準備できるじゃない」と言えば、「やればできる」という気になるかもしれません。

何となく「皮肉」を言っているようにも見えますが、子どもはそんなふうにはとらえません。額面通りに受け取って、自信をつけるのです。

だから、小さい頃は、あらゆるところに着目して、**ほめ続ける**ことが大事なのではないか。私は、そんなふうに思っています。

今、子どもに限らず、大人も含めて「自己肯定感」を持てない人が増えているそうです。

自己肯定感とは、自分自身のことを「大切でかけがえのない存在」であるとポジティブに受け入れる感覚のこと。この感覚がないと、人として必要な自信を育てることができません。

しかし、普段からほめ言葉をさりげなくかけてもらっている子どもは、自己肯定感を自然と得ることができるのです。

「伸びしろ」のある子は、それを表に出すかどうかは別として、「自分はやればできるんだ」という、強い自信を持っているのです。

60点をどうとらえるか？

同じ点数の答案を前にしたとき、伸びる子の親御さんと、伸び悩む子の親御さんとではその見方に違いがあります。

たとえば、テストの点数が60点だった場合。

伸びる子の親御さんは、単純に「60点が取れた」という見方をします。だから、そういう家庭の子は、「テストの点数が悪くて怒られた」とこぼすことがありません。

おそらく、家でも**「60点が取れた」という事実を認めてもらっている**のでしょう。

こういう子どもは、「できることを増やす」「得点を伸ばす」という発想になるので、60点の次は70点を取るという目標を自分で設定し、その目標に向かって自然に進み始めます。

逆に、伸び悩む子の親御さんほど、取れなかった40点のほうばかり気にします。

60点が取れたという事実はまったく見ようとしません。なぜダメなのか、どこがダメなのか、なぜ40点も失点したのかと、できなかった理由ばかり探すのです。

だから、子どもは、マイナス40点を挽回するために必死で頑張ります。

10点上がって自信をつける子・つけない子

次のテストでは、どちらの子も70点を取るかもしれません。

でも、同じように70点を取ったとしても、結果的に大きく伸びるのは前者、つまり、「60点を取れたことを認めてもらった子」なのです。

どこで差がつくのか、わかりますか？

それは**自信の差**です。


60点を70点にできた子どもは、10点も点数を上げられたことに自信を持ちます。そして、60点のときよりも10点分多くほめられるので、さらに次の10点を取ろうという意欲が生まれます。

ところが、マイナス40点を挽回するために頑張った子どもは、10点も点数が伸びているのに、そのことに意識を向けることができません。

なぜでしょう？

それは、「親に怒られたくない」が、勉強の動機になっているからです。

親のほうもできないことを気にするクセがついてしまっているので、せっかく70点をとったのに、失点の30点のほうが気になってしまいます。

しかし、できないことばかり言われると、子どもだっていい気分ではありません。

「点数が10点上がった→前進した」という実感もわかないでしょう。

子どもの満足度に合わせてほめる

小学3～4年生以上であれば、表面的な点数ではなく、子どもの**満足度**に合わせてほめることが大切です。

たとえば、同じ60点でも、その60点が精一杯頑張った結果の60点で、本人の満足度が80％くらいあるのなら、80％分しっかりほめる。

逆に本人が50％の満足度しか感じていなければ、50％分だけほめる。

そのためには、1歩下がって冷静に子どもの満足度を見極めなければいけません。

東大生を育てる親御さんは、このようなほめ方のさじ加減が、実に絶妙なのです。

習慣 2

得意なことを徹底的に伸ばす

苦手なことの克服は楽しくない

得意なことを伸ばすか、苦手なことを克服するか――。

これは、教育の問題でよく議論されるテーマです。たくさんの子どもを見てきた経験からすると、**得意なことを伸ばすほうが成績が上がる**というのが私の結論です。

それはそうでしょう。得意なことと苦手なこと、どちらが楽しいかと言われれば、答えは言うまでもありません。


これは大人の場合にも言えること。

料理は得意だけど掃除が苦手なお母さんにとって、掃除が得意になるための努力より、料理の腕を上げる努力のほうが、やっていて楽しいのではないでしょうか。

子どもの勉強においては、大好きとまではいかなくても、少しでも楽しいと思わせることが成績を伸ばすことにつながります。そういった意味でも、不得意科目の克服ではなく、得意科目をさらに得意にすることのほうが大事なのです。

自信がつけば点数はすぐ上がる

たとえば、算数は比較的得意でいつも80点くらいは取れる。理科と社会は60点くらい。でも国語は苦手で50点が精一杯というケースがあったとします。

この場合、多くの親御さんは、「とにかく国語の点数を何とかしなさい！」と子どもに発破をかけがちです。

しかし、そもそも国語は苦手なのですから、その過程は修行のようにツライ上に、なかなか点数も上がらないので、楽しさのかけらもありません。

そのうち勉強自体に嫌気がさしてしまっても不思議ではないのです。

確かに、一番苦手な科目を見直すと、得点できない原因がすぐに見つかることがあります。ただ、得意科目は自信がある分、さらに点数を積み上げることがそれほど難しくありません。点数が上がればますます自信がつくし、そのうち点数を上げるコツもつかんでいきます。子どもが勉強の楽しさを感じるのは、こういう過程なのです。

勉強の「楽しさ」が少しでも感じられるようになったら、次は、「まあまあ得意」な理科と社会の点数を上げるという課題に挑戦します。

ここでも、「まあまあ得意」というアドバンテージがあるので、10点くらいならすぐに上がります。そうして、「自分はできる！」という自信と点数を上げるコツをつかんだら、苦手科目を克服することに少しずつ挑戦するといいでしょう。

国語の50点を60点にするまでは少し苦労するかもしれませんが、それを達成した瞬間に自信を得るので、次の10点は案外簡単に上げられます。

たとえるなら、**得意科目は緩やかな坂、まあまあ得意な科目は少し急な坂、苦手科目は急斜面**です。いきなり急斜面を登ろうとすると、坂を登る前にくじけてしまいますが、緩やかな坂から登り始めれば、少し傾斜が急になっても、とりあえず登ってみようという意欲がわいてくるのです。

子どもの得意・不得意を把握する

小学6年生になってから中学受験をすることに決めたある子は、入塾時、算数の偏差値が60、国語の偏差値が30でした。

入塾に際した面談で、その子のお母さんの「**最初の目標は、算数の偏差値を70にすること**」という言葉を聞いて、私は「ああ、この子は間違いなく伸びるな」と確信し、親御さんのご理解を得て、入塾して最初の1カ月は算数だけを徹底的に指導しました。

その結果、算数の偏差値は目標の70に達し、その子が自信を深めたところで、次に理科、社会と1科目ずつ集中して指導する作戦をとりました。

国語に手をつけたのは受験の4カ月前でしたが、その頃には勉強そのものにノッている状態だったので、偏差値を60まで上げるのに苦労はなかったように思います。

その結果、彼は、第1志望の中学に見事合格しました。

ただ、子どもの得意なこと、苦手なことを正確に把握できていない親御さんというのは決して珍しくありません。むしろ、そういう親御さんのほうが多いでしょう。

子どもの得意、不得意というのは表面的な数字だけで判断するのが難しく、好きだけど苦手、得意だけど点数は取れない、ということもあり得ます。

親の勝手なイメージで判断せず、何が好きで何が嫌いなのか、何が得意で何が苦手なのかを見極めることは、子どもを上手に伸ばす上で不可欠なのです。

一番点数を上げやすい科目は？

参考までにお話しすると、最も点数を上げやすい科目は**算数（数学）**です。

「うちの子は算数のセンスがない」とおっしゃる方が時々いらっしゃいますが、「センス」が問われるのは、東大入試でもハイレベルな問題の話。

中学受験においては、唯一、開成中学校や灘中学校の入試問題を解くのにその必要性を感じますが、それ以外でセンスが問われることはありません。

計算や1行問題のやり方を覚えて、あとはパターンを習得するトレーニングをすれば、点数を上げることは難しくないのです。

とにかく早く結果を出して、子どもに自信をつけさせたいなら、多少苦手でも算数から始める、というのはひとつの手だと思います。

習慣 3

家の中で「勝負」する

東大生は無類の勝負好き

私の塾には、現役の東大生講師がたくさんいます。

彼らを見ていていつも感心するのは、「勝負」に対する貪欲さ。

どんなささいなことでも、**常に勝ち負けにこだわる**のです。

受け持つ生徒の成績から自分の読書量、果ては携帯ゲームの点数に至るまで、あらゆることで誰かと勝負し、勝てば喜び、負けるとくやしがる——。

とにかく、勝負が大好きというのは、東大生に共通する特徴のようです。

東大がすべり止め、などという人はまずいないでしょうから、それはある意味当然かもしれません。

勝負を好む人だけが東大に挑み、そして合格を勝ち取っていくのです。

勝負を避けようとする子どもたち

東大生の勝負好きがことさら目立つのには、それなりの理由があります。

最近の子どもたちは、できるだけ勝負を避けようとする傾向があるのです。

入試でも、かつては自分の実力より少し上の学校にチャレンジする、いわゆる「ダメ元の精神」がありましたが、今はまったく違います。

志望校の選択でも、勝負を避けて、あえてワンランク下の安全圏に甘んじる。

それが最近の子どもたちの傾向なのです。

実際、受験動向を見ても、難関校と言われる学校ほど、年々倍率が下がっています。

もちろん、実力のある子どもたちが集まるので、倍率が低くても難関であることには変わりありません。

それでも、世の中に〝チャレンジャー〟がたくさんいれば、難関校の倍率が一番高い、ということだって十分あり得るはずです。

多くの子どもが勝負を避ける理由としては、そもそも**競争することの楽しさを知らない**ということが挙げられるかもしれません。

誰かと競うことの楽しさは、たくさんの勝負の経験から得られるものです。

つまり、勝負の楽しさを知らない子は、そもそも勝負の経験自体が乏しいのです。

逆に、勝負ができるのは、その楽しさを知っている子。

多くの子どもが挑戦しない傾向にあるのですから、勝負好きというのは、それだけで大きなアドバンテージになるのです。

家の中に勝負の空気をつくる

友だちと競い合うのももちろんいいのですが、寝食をともにする家族の中に〝競争相手〟がいれば、勝負はより身近なものになります。

普段は最も心を許せる親や兄弟姉妹がライバルになることもある——。

こうした環境は、子どもにとって、とてもいい刺激になるのではないでしょうか。

家族団らんの時間に、パズルやトランプ、オセロなどのゲームを楽しんでいるご家庭は多いと思いますが、たまに遊ぶという程度では、「勝負の楽しさ」を知るまでには至りません。

ですから、ゲームとは違う形で、日常生活の中にたくさんの勝負を持ち込むことが大事です。

たとえば、駅までどっちが早く着くか、誰が早く片付けられるか、誰が最初に外出の準備ができるかなど、あらゆることで勝ち負けや序列をつけるのです。

こういった家庭の空気が、勝負を楽しめる子（＝勝負が好きな子）を育てるのです。

ある東大生は、小さい頃から、朝、どれくらい速く着替えられるかを家族で競っていたそうです。また、小学6年生の1年間で偏差値を30も伸ばした子は、お父さんと野球に関するクイズで競争するのが日課だと言っていました。

「どうせだったら、計算の速さや漢字の書き取りなどで勝負すれば、頭も良くなって一石二鳥では？」と考えるかもしれません。

もちろん、それが悪いとは言いませんが、目的はあくまでも「勝負」の楽しさを感じさせること。

子どもは勉強が決して好きではないので、そこでの勝負に楽しさを見出すのはかなりハードルが高いと言わざるを得ません。そういう意味では、やはり日常生活やゲームやスポーツなどでの「勝負」がおすすめです。

その際、実力差が圧倒的に大きいものは、避けるべきです。

ハンデをつければいいだろうという考え方もありますが、それだと、「勝った！」という喜びがあまり得られません。たとえばオセロのように、**努力次第で子どもが勝てる可能性のあるもの**がいいでしょう。

何度やってもお父さんやお兄ちゃんにかなわないから、くやしくて攻略本を読んだり、作戦を考えたりする。あるいは、苦労を重ねて「勝ち」を手に入れる。

子どもの「伸びしろ」は本当にすごいので、ちょっとやり方を変えるだけで、あっさり大人を負かしてしまうこともあります。そういう経験によって、子どもはどんどん自信をつけていくのです。

習慣4

負けるくやしさを経験させる

負けず嫌いな子は「勝つ戦略」を考える

前項で「勝負」の大切さについてふれましたが、伸びる子どもは、総じて負けず嫌いです。とくに東大生は、究極の〝負けず嫌い〟の集団。

早稲田大学でも、慶應大学でもなく、そしてまた、京大でも一橋大でもなく、東大を選ぶのは、日本一の大学で学びたいという自尊心の高さがあるからに他なりません。

大手塾の先生にお聞きしても、成績が上位のクラスほど、テストの成績が悪かったときに泣いてくやしがる子が多いのだとか。私の塾でも「泣き虫ほど伸びる」というジンクスがあります。

負けず嫌いの子は、「勝つ喜び」「できる喜び」を知っている子です。そして、同時に「負けるくやしさ」「失敗するくやしさ」を知っている子でもあります。

東大生もずっと勝ち続けてきて、東大生になったわけではありません。誰よりも「負けるくやしさ」を経験したから東大生になれたのです。

だから彼らは、負けるくやしさを味わいたくなくて、あの手この手を考えます。

その結果、できるのが、次のようなサイクルです。

どうやったら勝てるかを考える

←**負ける**

←**別の手段を考える**

←**勝つ**

←**自信がつく**

このサイクルを何度も経験しているからこそ、「負けても戦略次第で勝てる」「失敗してもそれで終わりではない」ということを実感しているのです。

負けず嫌いな子は、負けた（＝できない問題に出合った）瞬間にそれをどう克服するかを考えます。

あの先生に聞こう、あの参考書を読めばわかる、こういう勉強をしてみよう、というように、「負け」を「勝ち」にするための方法を考えるのです。

実は、このクセさえついてしまえば、成績を伸ばすことは簡単なのです。

負ける経験を十分に積ませる

前述した「勝負したがらない子」の中には、失敗や負けを過剰に恐れる子がいます。

きっと、負ける経験を十分積んでこなかったのでしょう。

だから、親がゲームで手加減をする、子どもが負けそうな競争には参加させないといった配慮をするのは、あまりおすすめしません。

子どもから「負ける」機会を奪ってしまえば、負けを怖がる子をつくり出すことになるからです。

子どもに自信をつけさせたくて、あるいは劣等感を植えつけたくなくて、あえてそうしている親御さんも多いかもしれません。

でも、負けた経験、あるいは、「負け」を「勝ち」に変えた成功体験がない子にとっては、負けはイヤなことであり、ネガティブなものとして映ります。

また、負けてもリカバリーできるというイメージが持てません。

だから、負けることがますます怖くなり、勝負をしなくなってしまう。

これでは自信などつきません。

大事なのは、**負ける経験を十分に積ませ、同時に負けたくやしさをしっかりと受け止めさせる**こと。そして、そのくやしさを跳ね返すために、次にどんなアクションを起こすのか、自分で考えさせることです。

ですから、このとき、子どもがくやしくて涙を流しても、そのことを叱ったり、バカにしたりしてはいけません。

「負けても気にしない」は要注意

最近は、負けてもあまり気にしないという子も多いようです。よく言えばおおらかだと言えなくもないのですが、こういう子は注意が必要かもしれません。なぜなら、「ここぞ」という場面で、踏ん張れず、逃げてしまうからです。勝てなかったことを責めたり厳しく叱ったりする必要はありませんが、まったく何も感じていないようなら、負けてしまったことへの危機感は感じさせなければいけません。

負けても気にしない子どもには、まず「負け」を「勝ち」に変える成功体験を積ませましょう。そうすることで、勝つ喜びを味わうことができれば、少しずつ本人の意識も変わってくるはずです。

第2章

子どもの
自立を助ける
6つの習慣

習慣 5

お風呂の時間を大切にする

「東大に行かされる」ではなく「東大に行きたい」

子どもが自分から目的意識を持ち、まわりがうるさく言わなくても進んで勉強するようになってくれたら……。そう願うのは、どの親御さんも同じでしょう。

実際、「**（他の誰でもない）自分のための勉強（受験）**」という意識が持てるようになると、子どもは伸びます。「東大に行かされる」のではなく、「東大に行きたい」と思える子のほうが、東大生になれる確率は圧倒的に高くなるのです。

これは何も勉強に限ったことではありません。「自分で考え、自分で解決する」という自立心を持っている子どもというのは、どんな分野でも大きく成長します。

だからこそ、「自立」は親だけでなく、教師や塾の講師にとっても常に大きなテーマになっているわけです。

本当の自立心は家の中でつくられる

たとえば、少年サッカーでは、「荷物がきちんと整理できているチームほど強い」と断言する人がいます。つまり、リュックが横一列にきれいに並べられているチームの子どもは、みな自立していると判断されているのでしょう。

ただ、そういうチームには、必ずと言っていいほど、厳しいコーチの存在があります。着替えが脱いだまま放置されていたり、リュックの口が開いたままになっていたりすれば、子どもたちはコーチから大目玉を食らうことになります。

だとしたら、コーチが怖いから、あるいはルールが厳しいから整理しているだけではないでしょうか。

「ここではちゃんとしているのに、家ではだらしない」という声が保護者から上がっているようなら、それは**見せかけの自立**である可能性が高いでしょう。

また、親元を離れて寮生活を経験すれば子どもが自立すると思っている方が多いのですが、規律が厳しければ厳しいほど、逆に自立が阻害されることもあるようです。卒業して寮を出た瞬間、厳しさから解放されて自分を律することができなくなり、せっかく東大に入学したのに留年を重ねた挙句に退学……というケースは意外と多いのです。その子が本当に自立していれば、環境が変化したくらいで自立心を失うということは起こらないでしょう。

自立心は、本来、強制や罰によって身につけるものではありません。

だから、厳しいだけの環境で無理に動かされるようになっても、それは自立心ではなく、別のものではないか。私は、そう思います。

だから、子どもに自立心を身につけさせたいなら、その舞台となるのは家庭です。甘えようと思えば甘えられる環境の中で育つのが、本当の意味での自立心なのです。

自分でできることを自分でやらせる

家庭で自立心を養うといっても、難しいことをするわけではありません。

年齢に応じて、自分ができることは自分でやらせるという、ごく当たり前のことを当たり前にやらせればいいだけです。

「え、それだけでいいの？」と思うかもしれません。

しかし、必要なものは自分で準備する、自分が使ったものは自分で片付けるという、当たり前のことを当たり前にやらせていないご家庭は、驚くほど多いのです。

そして、そういう家の親御さんほど、子どもが自立できていないと悩み、厳しい環境に無理やり放り込もうとします。

これではうまくいきません。

甘えと厳しさが同居していること。

それこそ、子どもが真の意味で自立する家の特徴なのです。

お風呂は自立心を養う空間

そもそも、子どもにとって、家はどこよりもホッとできる場所であるべきでしょう。

東大生の講師たちに聞いても、「うちの親はいつも厳しかった」という声は少数派。

それでも彼らは自立しています。

それは、親御さんがリラックスできる環境を家の中に用意した上で、厳しさというスパイスを効果的に使っていた結果なのでしょう。

お子さんがまだ小さいとき、とくに大事にしたいのが、親子で入るお風呂の時間。お風呂は心も体も裸になりますから、**心身ともにリラックスできる時間**です。そういう時間は、自立心を養うのにうってつけです。なぜなら、心からリラックスしている分、子どもがすんなりと厳しさを受け入れるからです。

湯船につかっている間は思い切り甘えさせる。でも、その一方で、体は自分で洗わせて、自分が使ったタオルや石鹸などは元の場所にきちんと戻させる。それを当たり前に繰り返すことで、他のことでも自分のことは自分でできるようになっていきます。

これは、親の側にとっても、甘えと厳しさを切り替えるバランスを学ぶ、いい機会になるのではないでしょうか。

習慣 6

「いただきます」の前に仕事をさせる

食事の準備はなぜ大事？

最近の小学校では、子どもが給食を食べる準備ができないために、見かねた先生が配膳をするケースが多々あるそうです。

これは、お母さんが夕飯を準備している間も知らんぷりで、お皿やおはしを並べるようなお手伝いをしていない子が増えていることを表しているのでしょう。

食事の準備を手伝わない子は、成績も伸びません。

実際、試しに成績が伸びた子に聞いてみると、家でやっているお手伝いとして必ず上がってくるのが、食事の準備なのです。

お手伝いは、自分で物事を判断させたり、家族の中での存在価値を感じさせたりするのにとてもよい機会ですが、なかでも食事の準備には特別な意味があります。

それは、**準備することの大切さ**を教えられるから。

テーブルの上を片付けて、フキンで拭く。献立を確認して、必要な食器を並べる。家族がテーブルに着く前に、ご飯をよそっておく……。

このように、1つひとつの作業は単純ですが、うまくやらないと、お皿が足りない、フォークのほうが食べやすかった、ドレッシングがテーブルに出ていないといった、小さな〝トラブル〟が起きます。そのたびに家族から〝苦情〟が出るでしょう。

最初は、子どもも失敗に戸惑うでしょうが、こうした経験を重ねるうちに、上手に準備ができるようになります。

準備ができない子は勉強もできない

物事の準備ができるかどうかは、子どもの自立におおいに関わることです。

準備がきちんとできなければ、その後の作業にじっくり取り組むことができません。

実際、塾でも、伸びる子は授業が始まる5分前にはトイレをすませ、席に着いて授業の準備をしています。

一方、授業が始まる直前にあわててトイレに向かう子や、授業中にトイレに立つ子は、授業の直前でも勉強道具がまだ机に出ていないような状態です。

それだけでなく、筆箱の中に消しゴムや定規が入っていないことも多く、常に落ち着きなくソワソワしていて、授業にも集中できていません。

きちんと準備ができない子は、塾で他の子と同じ時間を過ごしていても、勉強の量や質という意味で大きく遅れをとるのです。勉強の量や質が学力の伸びに大きく影響するのは当たり前のことなので、伸び悩むのは致し方ないと言えるかもしれません。

つまり、準備ができるということは、勉強の量や質を確保する上で、明らかに有利になるのです。

きちんと準備した上で授業を受けられるというのは、**準備の段階から勉強する自分がイメージできている**証拠。それは自ら学ぶという姿勢の最初のステップなので、たとえ、今の段階で思うような点数が取れていなくても、その後伸びていくのは時間の問題なのです。

料理で「なぜ？」「どうして？」に出合う

なお、食卓の準備と合わせて、時間があれば、料理をつくることにも積極的に関わらせてあげてください。

たとえば、ジャガイモを切った包丁に白いものがつくのはなぜだろう、玉ねぎを切るとなぜ涙が出るのだろう、フタをすると火が通りやすくなるのはなぜだろう、というように、料理をする過程では、たくさんの「なぜ？」「どうして？」にぶつかります。

だから、**料理をつくることは、知識を深め、関心を広め、思考力を高めるのにぴったり**なのです。

最近は入試でも多角的な視点や、生活実態に基づいた思考力が問われる傾向にあります。そういった意味でも、食事の前に子どもにたっぷり仕事をさせるのは、理想的な習慣だと思います。

習慣 7

読む本は自分で選ばせる

東大生を育てる親は子どもに本を与えない？

本をたくさん読む子は学力が高いというのは紛れもない事実。

実際、東大生の多くは大変な読書家です。

私の塾で講師をしている東大生のカバンの中にも、いつも本が入っています。

彼らは本の中から何かを得ようという意欲が強く、ジャンルを問わず、さまざまな本を読んでいます。話を聞いてみると、やはり、家庭でも小さい頃からたくさんの本に囲まれていたようです。

ただ、意外にも親に本を薦められたという経験はあまりないようで、**「小さい頃から自分が好きな本ばかり読んでいた」**という声が圧倒的でした。

また、「どんな本を読ませればいいか？」という相談をたくさんの親御さんから受けますが、東大に子どもを合格させた親御さんからそういう相談を受けることは、あまりありません。

どうやら東大生の親御さんは、世間がイメージしているほど「子どもに本を与える」ということに熱心ではないようです。

それでも、東大生や伸びる子はよく本を読んでいる――。

これは、どういうことなのでしょうか。

読ませたければ自分で選ばせる

伸びる子は、本を与えられているわけではなく、**自ら本を選んでいる**のです。

子どもに本を読ませたいと必死になる親御さんは、たくさんの本を子どもに与える努力をされていますが、それらの本は、自分の価値観、あるいは第三者の価値観を参考に選んだもの。

もちろん、子どもにとって良いものを、という判断で選んでいらっしゃるのでしょうが、他人の価値観で選ばれた本に子どもが興味を持つ可能性は、高くありません。

いくら『ファーブル昆虫記』や『シートン動物記』が名作だといっても、昆虫や動物に興味がない子にはピンとこないのです。大人でも、自分とは年齢も価値観も違う他人から、「読め」と言って渡された本に興味を持つことは少ないでしょう。読むとしたら、よほど本を読むこと自体が好きな人ではないでしょうか。

本を読んでほしいと思うのなら、本を与えるのではなく、**読みたいものを子ども自身に選ばせる**べきです。東大生も、もともと本が好きだったわけではなく、小さい頃から好きな本を選んできたからこそ、本が好きになったのです。

誰だって自分が選んだものには主体的に関わります。自分が気に入って買ってもらった服は毎日でも着られるけれど、親の趣味で買い与えられた服は積極的に着ようとはしません。本だって、それと同じなのです。

どんな本でも買ってあげる

本屋さんに連れていったら、子どもを自由にしてみましょう。

そして、子どもが選んできた本は、名作と呼ばれるものでなくても（親から見たらくだらないと思う本でも)、ぜひ買ってあげてください。選んできたものがマンガであっても構いません。その本のテーマが、その子が一番興味を持っているものなのです。興味があるテーマなら、単純に読むことを楽しめます。その本の中で得た何かが、別の分野への興味や関心につながることもあるでしょう。それがやがて、何かを学びたいという意欲、つまり勉強への意欲につながっていくのです。

そもそも本屋さんというのは、子どもの可能性を広げる場所なのです。それなのに、親の勝手な価値観で与える本を限定するということは、その可能性を狭める行為だと言えるのではないでしょうか。

子どもがまだ小学校低学年くらいで、選べないだろうと思っても、選択肢は与えるべきでしょう。それも3冊や5冊からではなく、せめて20冊くらいの候補の中から1冊を選択させてあげてください。

成長とともに子どもが選ぶ本は変わってきます。自分で選んだ本を本棚に並べていけば、そこに**自分の成長の足跡**が生まれます。それもまた、読書の楽しみのひとつなのです。

習慣 8

休日のプランを子どもに決めさせる

「どっちでもいい」「何でもいい」と答える子

親御さんに、前項の「本は子ども自身に選ばせる」というお話をすると、よく出てくるのが、「でも、うちの子、何かを決めることが苦手なんです。何を聞いても『どっちでもいい』『何でもいい』としか答えなくて……」という悩みです。

最近の子は、この傾向が非常に強いです。

そういう悩みを抱えているご家庭には、ある共通点があります。

それは、休日を大人主導で過ごしているということ。

お父さんの趣味やお母さんが行きたい場所に子どもをつきあわせる、あるいは、子どもが喜びそうな場所を親御さんがせっせと探して、そこに連れていく。

そんな休日の過ごし方をしているご家庭がほとんどなのです。

これは、子どもにとっては完全に**受け身の過ごし方**です。いつも誰かの提案に従っているだけでは、自分がやりたいことを見つけられなくなるのも、当然でしょう。

自分がどうしたいかを決める。

そのために何をすればいいか、自分で考える。

これは、自分で考えて決断したという経験があるからこそできること。

いつも決められたレールの上を走っているだけでは、受け身でいることが当たり前になってしまいます。受け身の子は勉強に対しても受け身なので、自分のための勉強という意識が持てるようになるまでに時間がかかります。

大学受験直前になっても、「やらされ感」だけで勉強をこなすことになってしまいますから、当然いい結果には結びつきません。

自分で決めることがやる気につながる

3年前に東大生になった子は、小学生の頃、決められた予算内ならどこでも行きたいところに連れていってもらえる日が毎月1回あったそうです。

次はどこに連れていってもらおうかと考えるのがとても楽しみで、施設やイベントの情報に常にアンテナを張っていたのだとか。

どうしても行きたいけど予算がオーバーしそうなときは、安く行く方法を考えたり、ときには兄弟と協力して親に交渉したりすることもあったと振り返っていました。

これは自立心のみならず、今、社会で求められている**「生きる力」**を育てることにもつながる、素晴らしい教育だと思いました。

この子はさまざまな大学を比較検討した結果、自分の意思で東大を受験することを選びました。

受験を決めた時点では、決して楽観的な状況ではありませんでしたが、自らの意思で決めた志望校だったので、合格したいというモチベーションが高まったのでしょう。

成績をグングン伸ばして、見事、合格を勝ち取ったのです。

年間50回の「決める」トレーニング

週に1日休日があるとしたら、1年で約50回もの選択の機会があります。

そのすべてを子どもに決めさせるのは難しいとしても、せめて半分でも決定の機会を与えるようにすれば、最良の「決める」トレーニングになるのではないでしょうか。

子どもがまだ小さい場合も、「これをしよう！」といつも大人の提案に従わせるのではなく、**子どもの意思**を確認しましょう。

たとえば、公園で遊ぶときも、いくつかの遊び道具を持っていって「どれにする？」と決めさせます。このように、「決める」トレーニングは、親が意識するだけで簡単にできるのです。

もちろん、ときには、親の都合につきあわせなくてはいけないこともあるでしょう。その場合も、ただ強制的に連れていくのではなく、なぜ行く必要があるのか、どうして行かなくてはならないのかをきちんと説明することが大切です。

きちんと説明すれば、子どもも納得するはず。納得という段取りを踏むことによって、「ただ、言われるままに従う」という状況は避けられるのです。

習慣 9

テレビ・マンガを遠ざけない

夢を持たない子どもたち

ある調査で、「子ども（調査対象は6〜15歳）が将来就きたい職業」のランキングの1位が「会社員」だったことがニュースで話題になっていました。

それを聞いて「子どもなのに夢がないなあ」と感じた人は多いかもしれません。その子が会社名まで限定できるくらいの明確なビジョンを持っているなら、それはそれで立派な夢だと言っていいと思います。

ただ、想像するに、「会社員」と答えた子の大半は、とくに夢がないからとりあえず「会社員」と答えたというのが実態なのではないでしょうか。

叶うかどうかは別としても、夢というのは、それを本気で目指そうとすればするほど、モチベーションを刺激します。

たとえば、プロのサッカー選手を夢見る子と、サッカーは趣味で十分と考える子、どちらがサッカーへのモチベーションが高いかと言われたら、明らかに前者でしょう。

プロのサッカー選手という夢を持っている子は、プロを目指せるレベルに達していなくても、サッカーに対して本気で取り組むことは間違いありません。

勉強においても、大きく伸びるのは、大きな夢を描いている子、あるいは、将来のビジョンが明確にイメージできている子です。

テレビやマンガは夢の宝庫

逆に言えば、子どもの力を伸ばしたいと思ったら、いかにして、**将来のビジョンを明確にイメージさせるかが大事**だということです。

そして、そこで役に立つのが、テレビやマンガなのです。

医療の世界を舞台にしたテレビドラマを見て、医者に興味を持ち始める子もいますし、「プロジェクトX」「NHKスペシャル」「ガイアの夜明け」などで知った職業を本気で目指そうとする子もいます。

マンガで夢を見つける子も多く、「Dr.コトー診療所」を読んで医者になりたいと思った子や、「宇宙兄弟」を見て宇宙飛行士を目指すと宣言した子、さらに「ドラゴン桜」を読んで、東大を目指そうと決めた子もいます。

最近のドラマやマンガは、変に誇張されたり、きれいごとで描かれたりすることなく、とことんリアリティが追求されているので、これを真似すれば自分にもできるというイメージがわきやすいのです。ですから、その職業の魅力を淡々と説明するより、テレビやマンガの影響力に期待するほうが、はるかに効率的でしょう。

ルールを決めて楽しませる

「テレビやマンガは中毒性があるから勉強の邪魔になる」

そう思っている親御さんは、少なくありません。

でも、今はインターネットのように子どもが夢中になるものが他にもたくさんあり、テレビやマンガに過剰にのめり込む子は滅多にいません。

もし、そのリスクを心配しているなら、親が**一定のルール**を決めればいいでしょう。

「テレビを見る場所はリビングだけ」「マンガを読む時間は1時間」というように、ルールを決めて見せる（読ませる）ように配慮さえすれば、大人が十分コントロールできると思います。

テレビもマンガも、最初から悪いものと決めつける必要はありません。親子で約束事を決めた上で、有効に使ってみてください。

習慣 10

子どもの出した結果に一喜一憂しない

親が主役になってはいけない

私は「子どもを東大に入れた親」という表現があまり好きではありません。「東大生に育てる」のは親ですが、「東大に入る」のは子どもだからです。

確かに中学受験は親の受験などと言われますが、それでも**主役はあくまでも子ども**。自分は脇役に過ぎないということを、親は肝に銘じるべきだと思います。

親が主役の座を奪ってしまえば、子どもは親の視線を必要以上に意識してしまい、親にほめられるかどうか、親に怒られないかどうかを確認した上でしか、行動を起こせなくなってしまいます。その結果、ほめられるために勉強する、怒られないために勉強する、という思考になっていくのです。これでは、自立心は育たないでしょう。

子どもの人生と親の人生は別のもの

東大生を育てた親御さんとお話ししていると、言葉の端々に出てくるのが**「子どもが勝手に育ってくれた」**という言葉です。

多くの人は、「東大に行くような子が勝手に育つはずがない」と思うでしょうが、「勝手に育つ」というのはあながち嘘ではありません。

ひと言で言えば、「子どもが勝手に育った」という感覚を持つ親御さんというのは子どもとの距離の取り方がとても上手なのです。

子どもが塾に行っている間に自分は別の習い事にいそしむくらいの余裕を持っていて、子どもの人生に寄り添い過ぎず、子どもの人生と自分の人生を分けて考えているのです。

子どもの喜びやくやしさは親も共有するほうがいいとよく言われます。私もそれには賛成する部分もありますが、主役である本人以上に親が喜んだり、くやしがったりすれば、主役と脇役が完全に入れ替わってしまいます。

最近は、孫の成績を気にするおじいちゃんやおばあちゃんも多いので、〝主役〟が何人もいるという状況も珍しくありません。それだと、一体誰のための勉強（受験）なのか、わからなくなってしまいます。

「誰かを喜ばせたい」という動機では続かない

受験勉強においても、「合格して親に喜んでもらいたい」というのは、確かに大きなモチベーションになり得ます。ただし、そのモチベーションだけでは、いずれ伸び悩んだり、息切れしたりするでしょう。

仮に東大に合格できたとしても、合格したこと自体がゴールになってしまう危険性もあります。

「誰かを喜ばせたい」という気持ちは健全です。

しかし、そこにはやはり、**自分のための勉強（受験）**というベースが必要です。

だから、親御さんには、子どもの成績に本人以上に一喜一憂しないよう、気をつけていただきたいのです。

ライブ
写真
チェックイン
今何してる？
合格おめでとう〜〜〜〜〜〜〜！！！
文響中学校

良いときも、悪いときも、子ども以上に大きなリアクションを取らないでください。
このことを意識するだけでも、子どもから主役の座を奪ってしまうことを避けられるでしょう。

子どもの合格をＳＮＳで報告する親

「主役の座を奪う」という意味では、子どもが受験で合格すると、ＳＮＳなどでわざわざ報告する人にも私は疑問を感じてしまいます。

親としてわが子を誇りに感じる気持ちはわからなくもありません。

ですが、そういう方は、合格できなかった子の親がそれを目にしたらどんな気持ちになるかということを想像しているのでしょうか？

親がそんな態度を当たり前にとっていると、子どもも同じように育っていきます。

「他人の痛みを理解する」というのも自立のひとつ。

それが抜け落ちていると、どんなにいい大学に合格できても、人間的な魅力の薄い人間になってしまうのではないでしょうか。

第3章

子どもの
可能性を伸ばす
6つの習慣

習慣 11

子どもの感情をうまく切り替えさせる

伸びる子は感情を引きずらない

たくさんの子ども（とくに小学生）を見ていて感じるのは、大人に比べて感情の振り幅が非常に大きいということです。大人から見れば、「そんなことで？」と思うような小さなことで大喜びしたり、ものすごく落ち込んだり、日々忙しいのです。

感情をそのまま表に出すのが苦手な子もいるのですが、じっくり話を聞いてみると、こちらが想像する以上に怒っていた、悲しんでいたというケースもよくあります。

ただ、伸びる子というのは、そういう喜怒哀楽の感情を**いつまでも引きずらない**という特徴があります。

逆に感情がうまくコントロールできない子は、学力も安定しない傾向があります。

気持ちをうまく切り替えられるかどうかは、伸びる、伸びないに大きく影響するのでしょう。

気持ちがうまく切り替えられる子というのは、他の子と何が違うのだろうと、私も常々考えていたのですが、親御さんの声かけのうまさがひとつの要素になっていることは間違いないようです。

子どもを一瞬で変えたお母さんのひと言

あるとき、小学6年生の子とその親御さん、そして私の三者で面談を行いました。

その席でのこと。

目の前に差し出された模擬試験の結果が予想以上に悪く、その子は泣き出さんばかりに落ち込んでいました。でも、その子の隣にいたお母さんは明るい声でこう言ったのです。

「このタイミングで最悪を経験して良かったじゃない！」

その言葉を聞いた途端、その子の表情がパッと変わりました。

落ち込んでいた気持ちから3段階くらい回復したのは明らかで、私もその瞬間、「ああ、もう大丈夫だな」と思いました。そして実際、この子は、この模擬試験以降どんどん成績を伸ばし、無事に志望校に合格したのです。

模擬試験の結果が悪くて子どもが落ち込むというのはよくあることですが、隣にいる親御さんの態度で最も多いのは、子どもと同じように肩を落として、すっかり落ち込んでしまうこと。

口から出る言葉も「もう、どうするつもりなの？」「このままじゃ絶対合格なんかできないわよ」「困ったわねえ」といったネガティブなものばかり。

あからさまに大きなため息をつく人もいらっしゃいます。これでは気持ちの切り替えどころか、落ち込んだ気持ちに拍車をかけるだけです。

逆に、模擬試験でものすごくいい成績をとった場合、伸びる子のお母さんは、どんなに子どもが喜んでいても、「これはあくまでも模擬試験よ」と、**あえて気持ちをクールダウンするような言葉**を投げかけます。そういう言葉を聞いて、子どもは再び気を引き締め、慢心することなく、本来の目標に向かっていくのです。

「魔法」は誰にでも効くわけではない

このように、伸びる子の親御さんというのは、お子さんの感情を切り替える「魔法の言葉」を必ず持っています。

ただし、この魔法の言葉は、〝その子にとっての魔法〟であって、万人に効くわけではありません。

先ほどの例のように、悪い結果を前向きにとらえる言葉が効く子もいれば、逆に「次にまた同じ点数しか取れなかったら、志望校のランクを下げることも考えるわよ」と危機感をあおる言葉に奮起する子どももいます。

言葉ではなく、**頭をなでる、手をつなぐ、お尻を叩く、**というアクションのほうが効く、という子どももいます。あるいは、親以外の人（塾の先生など）に励ましてもらうほうが効果的だという子もいます。

どういう言葉やアクションがお子さんにとっての「魔法」になるのかは、親御さんのトライ&エラーで見つけていく必要があるでしょう。

「魔法の言葉」が最も必要になる時期

「魔法の言葉」やアクションが最も必要なのは、小学校高学年から中学生初期の時期。つまり、中学受験があったり、小学校から中学校に上がって勉強が難しくなったり、部活でレギュラーに選ばれる・選ばれないに神経をとがらせたりと、勉強やスポーツにおいて、子どもたちが最初の大きな壁にぶつかる時期です。

この時期に差しかかるまでに、どんな言葉で子どものテンションが上がるのか、また、優しさと厳しさ、どちらのアプローチが子どもに有効なのか、そういったポイントをきちんと見極めておき、その子にとっての「魔法の言葉」を探しておくことが大事なのです。

親御さんの言葉の力を借りて、気持ちをうまく切り替える経験を積んだお子さんは、その後も感情のコントロールにあまり苦労することはありません。

「東大生は誰よりも負けるくやしさを経験したから東大生になれた」と第1章で述べましたが、さらに言えば、感情をうまくコントロールしてそのくやしさをバネにする力を持っていたから東大生になれた、とも言えるでしょう。

まほうの言葉
まほうの言葉
まほうの言葉

習慣 12

子どもをほめすぎない

ほめすぎには要注意

子どもが「喜怒哀楽」の「怒」や「哀」といったネガティブな感情から抜け出せるように手助けをしたいという姿勢は、どんな親御さんも持っていらっしゃるでしょう。

怒ったり、悲しんだりしているお子さんを放っておく親御さんというのは少なくとも私は見たことがありません。

一方で、「喜」や「楽」、つまりポジティブな感情に対しては、どうでしょうか。

子どもが喜んでいる姿、楽しそうにしている姿を見るのは、とてもうれしいこと。

だから、さらに盛り上げようとする親御さんが圧倒的に多いと思います。

ただ、あまりにはしゃぎすぎることは、要注意なのです。

ずっと頑張ってきて、少し成績が上向いたのに、それ以上はなかなか伸びない。

あるいは、それを頂点にして、その後は下降してしまう……。

そんな子がいます。原因はどこにあるのでしょうか？

それは、子どもが出した結果に対して、**親がほめすぎた**こと。

本人が困惑するようなほめ方をしたり、必要以上にごほうびをあげたりして、子どもを満足感でお腹いっぱいにしたせいです。

80点↓85点をどうほめるか

伸びる子というのは、常に**ハングリー**です。もっともっと上に行きたいという上昇志向を持っています。

子どもを大きく伸ばしたいなら、そういうハングリー精神を植えつけなければいけません。ですから、「喜」や「楽」のとき、すなわち子どもが満足しているときに、親がどういう対応をするかが、子どもを伸ばすカギとなるのです。

算数で80点の壁がなかなか超えられなかったお子さんが、努力の甲斐あって85点を取ったとしたら、みなさんならどういう声をかけるでしょうか？

努力の結果、目標より5点高い点数を取ったのだから、ここは思い切りほめてあげたいと考える人がおそらく大多数だと思います。

でも、ある親御さんは、お子さんにこう言ったのです。

「よく頑張ったね。さあ、これで90点を目指す準備ができたじゃない！」

これを聞いて、私は何て素晴らしい親御さんなのだろうと心から感心しました。

80点が85点になったことはしっかりほめて、かつ１００％の満足は与えない——。

これこそ、絶妙の言い回しです。その子はその後、90点を楽々取れるようになり、結果的に難関中学校に合格しました。

志望校に合格した後も常に上を目指す姿勢は変わらず、高校生となった今は東大合格を目指して頑張っています。おそらく「喜」「楽」にひたりきって満足しない術を身につけたのでしょう。

「まだゴールではない」という考え方

誤解のないように言っておきますが、小さな成功をたくさんほめて伸ばす、という方法を否定したいわけではありません。

その方法で伸びていくお子さんも確かにいますし、すでにお伝えした通り、ほめることは、自信を与えるためにはとても大事なことです。

ただし、「東大」のような高いレベルの目標に向かわせるには、ハングリーさが不可欠です。これは、私の経験上、間違いありません。

大きく伸びる子は、それなりに自信があるけれど、同時に満足するにはまだ何かが足りないという感覚が持てる子。数字で表すなら、現状への満足度が常に60〜70％くらいの子です。


ですから、ほめてはいけないと言っているわけではありません。

成果にふさわしいほめ方は絶対に必要です。やってもやってもほめられないというのでは、自信もつかないし、モチベーションも上がりません。

大事なのは、たとえおおいにほめる瞬間があったとしても、**それはまだゴールではない**のだと、子どもに感じさせること。

東大の合格発表の会場でインタビューを受ける親御さんのコメントによく耳を傾けてみてください。

「良かった！　おめでとう！」とあふれんばかりに賛辞だけを送る親御さんはほとんどいません。

多くの人は、「**これがゴールというわけではない**」「**今後どれだけ頑張ってくれるか、期待したい**」という趣旨のことを、引き締まった表情で答えておられるはずです。

子どもの喜びに、いい意味で水を差す。

それは、東大生を育てる親御さんならではの特技（？）だと言えるかもしれません。

習慣

13

小学生のうちにひとり旅をさせる

東大に入る子はピンチと戦える子

何らかのピンチに直面したとき、その対応の仕方によって、子どもは大きく3つのタイプに分けられます。

まずはピンチから逃げ出そうとする子。私が見る限り、こういう子が全体の6〜7割。つまり半数以上の子は、このタイプです。

残る2つですが、ひとつはピンチをピンチだと気づかない子。これが約1割。

そして、残りの2〜3割が**ピンチと戦える子**。

東大に入る子の大半は、間違いなくこのタイプです。

子どもにとってのピンチは、たくさんあります。

次のテストで失敗すると、塾で下のクラスになってしまう。野球やサッカーで頑張っているのに、レギュラーメンバーに選ばれない。ピアノの発表会が近づいているのに、課題曲が難しすぎて、何度練習しても間違えてしまう……などなど。

子どもにとってのピンチというのは、このように、**今の実力以上の環境や課題と戦わざるを得ない状況**を意味します。

もちろん、親がいる以上、どんなにツラくても、逃げ出すことはできないでしょう。ただ、半数以上の子ども、つまり6〜7割の子どもは、「今の自分には無理だ」と半ばあきらめているので、本気で目の前の課題と戦おうとしないのです。

ただでさえ実力が足りないのに、本気にもならないのですから、結果として、下のクラスに下がってしまったり、ずっとベンチのままだったり、発表会で失敗してしまったりする可能性が高いのです。

それでもこのタイプの子は、「まあ、自分はこんなもんだ」「できなくて当たり前だ」と開き直ったりします。これは、完全に「負けグセ」がついている状態で、こうなると、成績を伸ばすことは非常に難しいと言わざるを得ません。

ファイト
ガンバレ
MAP

子どもが伸びない原因の9割はこの「負けグセ」だといっても過言ではないのです。

一方、ピンチと戦える子というのは、そういう状況でも決してあきらめず、**本気で挑もうとする意欲**があります。結果的にうまくいかなかったとしても、長い目で見れば、その後の伸びしろの差は歴然です。

現時点の実力では無理なことに挑戦した分、その子の可能性は伸びているのです。

ピンチに気づかない子には気づいてもらうより他ないですが、要するに大事なことは、どうやって、ピンチと戦える2～3割の子に育てるかということです。

あえて厳しい環境に放り込む

少しでも気を抜くと、すぐに下のクラスに下がってしまう厳しい塾に通っていた、怖い先生がいるスイミングスクールに行かされていた、近隣で最もレベルが高いサッカーチームにいて、なかなか試合に出してもらえなかった……。

東大生に話を聞くと、誰もがそんな「厳しい環境」に放り込まれた経験を持っています。

しかも、「自分はやめたいと思っていたけど、親がなかなかやめさせてくれなかった」と誰もが口にしていますから、親御さんがそういう環境をあえて与えていたのだと想像できます。

決して無理をさせず、その子の実力に見合った環境でのびのび育てたい。

そう考える方も多いでしょう。

「のびのび育てる」ことが目的なら、むしろそうすべきだと私も思います。

ただ、お子さんの可能性をより大きく伸ばして、高いレベルのゴールに向かわせたいなら、自分の限界を超える意欲を育てなければいけません。

だから、**あえてピンチを与える必要がある**のです。

与えるべきピンチは、自分の実力より「ちょっと上」のレベル。言い換えれば、自分の限界を少し超えればクリアできるくらいでしょうか。それ以上のレベルのピンチは、チャンスに変えられるピンチではありません。

旅が子どもを大きくする

私の知る東大生の多くが、小学5～6年生で「ひとり旅」の経験をしています。

これは、彼らが賢いから経験できたのではありません。

どんな子にとっても、ひとり旅は、ピンチの連続であることは間違いないのです。ある東大生は、小学5年生の夏休みに、東京の吉祥寺からひとりで電車を乗り継いで、山梨の甲府まで行き、武田信玄の像の前で写真を撮って帰ってくるという旅をしたそうです。

本人は、「『ひとり旅なんてできない』って反論したんですけど、親に無理やり行かされました」と笑っていました。しかし、その経験で彼は、「**やればできるんだ**」と**いう自信**を得たそうです。

そして、小学6年生のときには、自らの意思で仙台までひとりで行き、今度は伊達政宗像の前で写真を撮ってきたのだとか。

たった一度のひとり旅で甲府に行くのさえ無理だと思っていた子が、翌年にはそれが当たり前であるかのように、仙台までひとりで旅行をしたのです。

このように、ひとり旅は、小学生に自分の可能性を自覚させる最良のイベントなのです。

ですから、子どもの可能性を伸ばしたいなら、小学生のうちに一度はひとり旅を経験させることをおすすめします。

確かにリスクはゼロではありません。それでも、携帯電話のＧＰＳ機能などを利用すれば、最低限の安全は確保できるはずです。

もちろん、どこまで旅をさせるかは、お子さんの「実力」に応じて決めるべきでしょう。隣の駅までひとりで行ったことがないような子を、いきなり隣の県まで行かせるのは、さすがにハードルが高すぎます。

大事なのは、あくまでも「自分の限界をちょっと超えればクリアできる」というレベルであること。

たとえ隣駅までのひとり旅でも、親に連れられて行く隣駅と、たったひとりで行く隣駅とでは、その子が見る風景はまったく違ってくるでしょう。

ほんの少しでも、**限界を超えられたという経験**を与えること。

それがピンチと戦える子を育てるために必要なことなのです。

習慣 14

勉強を１００％理解させようとしない

まずは全体の60％を確実に理解させる

私は、塾に通う子どもたちに、いつもこんなふうに言っています。

「今日勉強した内容の60％を１００％理解しなさい」

ちょっとわかりにくいでしょうから、説明しましょう。

その子がすべて理解できていることをいくら学んでも、現状維持です。

成績を上げたいなら、現時点では理解できないことを勉強する必要があります。

ただし、わからないことをすべて理解する必要はありません。

目安として、全体の60％の内容を確実に、１００％理解することを繰り返していけば、確実に成績は伸びていくのです。

たとえば、現時点で50という偏差値を伸ばすには、偏差値55レベルの勉強が必要です。その内容の60％をしっかりと理解し、そこで確実に得点できるようになれば、もうその時点で偏差値は53に上がっています。次は、偏差値58レベルの勉強をし、同じようにその60％を完璧に理解できるようにする。

その60％で確実に得点が取れるようになれば、その時点で偏差値は55です。

このように60％を着実に積み上げていけば、さらに60、65、70と偏差値を上げていくことができます。しかも偏差値とともに理解力も伸びていくので、以前は理解できなかった残りの40％も、自然に理解できるようになっていきます。

簡単に言えば、**10問のうちの6問を完璧に解ける実力**をつけて、その6問だけを相手にすることを続けていけばいい、ということ。残りの4問はその時点で放っておいても、自分の理解力が高まっていけば、自然に解けるようになります。

これができる子は確実に伸びます。

実際、私の塾でも、こういう学び方のコツをつかんだ子はどんどん成績を伸ばしています。

親の「できなくてもいい」で子どもは集中できる

大事なのは、自分にとって「できること」「できないこと」が何なのか、きちんと把握すること。

伸びる子は、塾で少し難しい応用問題の解説が始まっても、「今の自分にその問題は無理だ」と判断し、**自分で切り捨てる潔さ**があります。

そして、そういう子の親御さんは、現時点で理解できない内容があることに対して非常に寛大です。お子さんの現時点での限界値をいい意味で見極めていて、これから勉強してわかるようになればいいと考えているのです。

そのような理解があれば、子どもも「できる60％」に集中できるので、着実に実力を伸ばし、最終的に東大などの難関大学に合格していくのです。

逆に、常にすべてを理解しようとして、結果どれも完璧には理解できていない中途半端な状態のままでは、どうしても成績は伸び悩んでしまいます。

乱暴な言い方かもしれませんが、すべてを理解しようとするから成績が伸びないと言ってもいいかもしれません。

「積み残し」は必ずある

習ったことを１００％理解しなくては、次に進めない……。

そんな慎重さや思い込みは、子どもを「大きく伸ばす」上で足かせになります。

「積み残しがある」ことに不安を持つ親御さんも少なくありませんが、そもそも子どもを伸ばす勉強とは、積み残しが発生することを前提にプログラムが組まれています。そういう「しくみ」を知り、いい意味で割り切ることも必要でしょう。

「積み残し」が発生するのが前提になっているのは、入試も同じです。

しかも、難関校ほど、大量の「積み残し」を前提とした問題作成がなされています。

要するに、解けなくてもいい（解けるはずがない）問題が含まれているということ。

ですから、難関校であればあるほど、何を「積み残す」のかを見極める力、つまり、**確実にできる問題とそうでない問題を見極める力**が問われるのです。

たとえば東大の入試は、学部にもよりますが、合格者の得点率の最低ラインはだいたい60～70％。これは30～40％の「積み残し」があっても合格できるということを意味しています。東大の合格者に成功の秘訣を聞いても、確実に解けそうな問題で確実に得点する、という声が圧倒的に多いのです。

ただし、誤解のないように繰り返しておきますが、これはあくまでもより上のレベルを目指し、その子の可能性を大きく伸ばすことを目的とした勉強のやり方です。

偏差値50の子なら偏差値40レベルの内容は100%理解できていないと困りますし、学校の勉強も全員が理解できることを目的に組まれたプログラムですから、「積み残し」を放置してはいけません。

また、目標が偏差値70だからといって、偏差値50の子に、いきなりそのレベルの課題を与えてもまったく意味がありません。それでは「積み残し」だけが大量発生して、子どもは自信を失い、そのままつぶれてしまいます。

子どもを伸ばすための負荷として適切なのは、やはり、**自分の実力ギリギリよりちょっと上**のレベル。偏差値で言えば、+5〜+7くらいのレベルが適切だと思います。

習慣

15

短所を無理に直さない

子どもの短所は笑い飛ばす

勉強の「積み残し」とともに、親御さんにもっと寛大になっていただきたいのは、子どもの「短所」です。

落ち着きがない、すぐ泣く、集中力がない、あきらめが早い、飽きっぽい……。

多くの親御さんは、こういうことを短所ととらえ、何とかしてそれを直したい、それさえ直ればもっと成績は伸びるはずだ、と考えていらっしゃるようです。

でも、意外なようですが、成績優秀な子の親御さんほど、**お子さんの短所をありのままに受け入れて**います。

むしろ、それをあえて直そうとはせず、笑い飛ばすようなおおらかささえある。

それが簡単に直るような短所なら、直すことを考えてもいいのかもしれません。

でも多くの場合は、簡単に直らないから短所なのであって、良くも悪くも、それは**その子の成長とともにしっかり身についてしまったもの**のはずです。

だとしたら、それを無理やり変えようとするのは、その子の生き方そのものを否定することにもつながりかねません。そうなると、子どもが萎縮《いしゅく》したり、プライドを傷つけられたりして、自己否定感を募らせてしまう可能性があります。

また、短所を無理に直すことによって、本人は大きなストレスを抱えることにもなります。ストレスを抱えたままで成績が伸びるということは、あり得ません。


東大生の多くは、自分の短所をネタにします。彼らには「自分にはこういう短所があるけど、仕方ないじゃん」と言い切れる強さがあるのです。

これは、小さい頃から親御さんが無理に直そうとせずに、その短所とうまくつきあっていくように仕向けてきた結果なのでしょう。

短所とうまくつきあっていく

親御さんがわが子の短所だと思っていることの多くは、**子どもなら誰でも持っている特徴**だということも指摘しておきましょう。

たとえば、「うちの子は集中力が続かない」と嘆く親御さんは多いですが、小学生の集中力が続くのは、長くても40〜50分。

その証拠に、学校でも塾でも40〜50分が1コマとして設定されています。また、難関と言われる灘中学校、開成中学校でも、1教科の試験時間は最大60〜70分です。

また、ゲームやマンガなら1時間でも2時間でも没頭できるというのなら、集中力自体がないわけではないでしょう。それは学校や塾の授業の進め方に問題があるのかもしれません。授業が面白ければ、多くの子どもは集中するものです。

仮に10分もじっと座っていられないとしても、それ自体を頭から否定する必要はありません。その10分を少しずつ40分に近づけるための対策を考えればいいのです。

つまり、大事なのは、短所を直そうとすることではなく、うまくつきあっていくこと。

集中力が続かないなら10分おきに休憩をとる、飽きっぽいなら問題集を何種類もそろえる、他人が気になって仕方ないならひとりで勉強する……。

自分の短所に自覚がある子は、その対策もしっかり身につけているのです。

すぐになくす子と必ず忘れ物をする子

かつて私の塾に、すぐにものをなくしてしまう子がいました。

その子自身にも自覚があり、「プリントだとなくす可能性が高いので、宿題は問題集から出してほしい」と言っていました。

私は苦笑しながらも了解していたのですが、その子のお母さんは問題集すらなくしてしまう可能性を踏まえ、塾の問題集を何冊も買って、家中に置いているとおっしゃっていました。確かに、そうすればどこかでなくしても別のところで見つけることができますから、宿題をするのにも支障はありません。

「そんな不経済なことをするくらいなら、なくさないようにしつけるべきだ」と考える人もいるでしょう。

でも、その短所を直そうとすることで、親子共々相当なストレスを抱えるくらいなら、うまく環境を整えればいい。こういう割り切りを親子で持てたことで、この子は勉強に集中し、御三家と呼ばれる中学校のひとつに合格しました。

そういえば、キャリーバッグを転がしながら塾に通っていた子もいました。大きなキャリーバッグの中には、教科書や問題集、プリントなど、ありとあらゆる教材が詰め込まれていました。

「自分は準備が苦手だから、絶対に忘れ物をしてしまう。だから、このやり方がベストなんです」というのが彼の言い分。

まわりからは「そこから必要なものを探す時間のほうがムダでしょう」と言われ続けたのですが、結局、彼はそのやり方を貫き、見事に東大合格を果たしました。

もちろん、できないことをできるようにする努力は大切でしょう。

しかし、自分ができないことをしっかりと受け止め、必要な対策をとれるなら、それはそれで問題ないのではないか。私はそんなふうに思います。

子どもの短所に気づいているか？

ただ、気になるのは、お子さんの短所に気づいていない親御さんが意外と多いということ。

親御さんが気づいていない場合は、本人にも自覚がないケースがほとんどです。

無理に直す必要はないと言いましたが、**そもそも短所に気づいていなければ、その対策をとることもできません。**

先ほど例に出した2人のケースでも、親や本人が短所を理解していたからこそ、対策を立てることができたのです。短所の自覚がなく、対策も立てていなければ、勉強に集中するチャンスを失って、成績が伸びることもなかったでしょう。

お子さんのありのままの姿をきちんと直視し、それを受け入れること。そして、短所を無理に直そうとせず、うまくつきあっていくような手助けをすること。

それが、子どもの可能性を伸ばすために必要な親御さんの姿勢なのです。

子どもの可能性を伸ばす６つの習慣

第３章

習慣 16

父親は一歩下がって見守る

夫婦でも意見を一致させるのは難しい

子どもの成績がなかなか伸びない家でよく見られるのは、**ご夫婦で意見が一致していない**、という状況です。

とくに中学入試に関する考え方にズレがあるケースは多く、お父さんは偏差値50以下の私立に行くなら公立中学でいいと考えているのに、お母さんは偏差値40以上なら私立に行かせたいと考えている……といったことは珍しいことではありません。

子どもというのは親の顔色を非常に気にするので、夫婦間に不一致がある状況では子ども自身にも迷いが生まれ、意欲的に勉強することができません。

もちろん、ご夫婦で子どもをどう育てるかについて、日頃からしっかり話し合い、お子さんにどのレベルの学校を狙わせるか、そのために今何を与えるべきか、という方向性を完全に一致させていれば問題はないでしょう。

でも、それは「理想論」であって、考え方をきちんとすりあわせているご夫婦は、全体の2割にも満たないというのが私の印象です。やはり、ご夫婦とはいえ、意見をそろえる、同じ方向を向く、というのはそう簡単なことではないようです。

うまくいく家庭は母親主導

子どもの教育についての考え方というのは、ただでさえブレやすいものです。同じ人でも先週と今週で言っていることが違う、ということは珍しくありません。それなのに、意見する人が複数いると、さらにまとまらなくなってしまいます。

これは非常に危険です。子どもの教育に関しては夫婦どちらかがイニシアティブ（主導権）を取り、もうひとりはフォローに回るという体制で臨むほうが、子どもは安心して勉強に集中することができます。

そして、誤解を恐れずに言うなら、子どもの教育に関しては、**お母さんがイニシアティブを取っているご家庭のほうがうまくいく可能性が高い**です。

それは、一般的にお子さんと接している時間が長いお母さんのほうが、子どもの性格や気持ちを正確に把握しているからです。

共働きで子どもと接している時間に大差ないご家庭でも、母子の関係性の強さを考えれば、母親に分があります。父親と母親とでは、子どもとふれ合う密度に関して圧倒的な違いがあるのです。

私の塾でも、「お母さんは熱心に塾に足を運んでくれるけど、そういえば、お父さんには一度もお会いしたことがないなあ」という子はたくさんいます。

一見、お父さんが無責任のようにも見えますが、勉強のことについてはお母さんを信頼して任せているのでしょう。だから、そういう子は総じて成績がいいのです。

それでもお父さんが自分主導で子どもの勉強を見たいというのであれば、お父さんには相当な覚悟を決めていただかなくてはいけません。

中学受験であれば、少なくとも小学6年生の1年間は、残業も飲み会もすべて断る。場合によっては、**仕事そのものを変えることもいとわないほどの覚悟**です。

イチロー選手や石川遼選手が大成したのは、父親が人生を賭けるほど子どもの指導に関わったからでしょう。

そんな覚悟もなく、都合のいいときだけ口を出せば、子どもだって反発します。

中学受験を控えた年齢の子は、ただでさえ反抗期で扱いにくいところがあります。

それなのに、わざわざ親子間のトラブルのタネをつくるようなことは、しないに越したことはありません。

子どもを部下のように扱う父親

実はお父さんが子どもの教育に関わり過ぎないほうがいい理由は他にもあります。

男親は結果を出させることが自分の役割だと気負ってしまうので、どうしても子どもを「部下」と同じようにマネジメントしようとします。

スケジュールや成績を細かく管理して、予定通り進んでいない、目標に達していない、とつい文句を言ってしまうのです。

なかには子どもの勉強時間、進捗状況、成績から睡眠時間までをエクセルで一括管理している、という方もいます。

これはかなり極端なやり方ですが、積極的に結果に関与することになるので、子どもの成績が一気に伸びることも確かです。

ただし、それはあくまでも一時的なもの。そもそも本人の自立が伴っていないのですから、**常に誰かに管理してもらわなければ結果が出せない子**になってしまいます。

いわゆるダメな部下と同じで、「エクセルパパ」が引退すれば、同時に子どもの成績も頭打ちになるのです。

私が相談を受けたご家庭では、お父さんの行き過ぎた管理教育が原因で、親子が7年間も口をきいていないという事態に陥っていました。子どもにとって良かれと思ったことが、そんな結果になってしまっては元も子もありません。

とはいえ、まったく無関心では、子どもも傷つきます。

お子さんの情報はご夫婦で共有しつつも、お父さんは勉強のことには直接口を出さない。でも、塾の送迎はお父さんがやる。休みの日には一緒にスポーツをする。

それくらいの関わり方がベストだと私は感じています。

東大生に話を聞いても、「うちは父親より母親のほうが強い」という子が非常に多いです。子どもの教育に限って言えば、「カカア天下」が正解なのです。

第4章

子どもに
継続力をつけさせる
4つの習慣

習慣 17

テストの順位や偏差値を気にしない

東大に合格する子はまわりを気にしない

スポーツでも、勉強でも、「実力を伸ばすのにライバルの存在は欠かせない」と考えている人は多いようです。

確かに、「あの子にだけは絶対負けたくない！」という気持ちで勉強したら、成績が伸びたという話は珍しくありません。

実は、私の塾が完全個別指導ではなく、少人数のクラス制による指導を行っている理由も、そこにあります。同じレベルの仲間同士で刺激を与え合い、勉強へのモチベーションを高めてもらいたいのです。

ただ、東大を目指す子、そして実際に東大に合格する子というのは、**まわりをあま**

り意識しません。

理由は、そもそも高いレベルで戦っているので、その中で争うことにそれほど意味がない、ということもあります。

たとえば、毎年東大に１００人以上合格者を出す開成高校などで、常に１番や２番を狙うことは、多くの子にとってはあまり現実的ではありません。

まわりは強力なライバルばかり。常に「上には上がいる」という世界です。

だから、かなり高い学力レベルを持っていても、１００位に入るのがギリギリということは十分あり得る話です。

それでも、東大に合格するという目標が遠のくわけではないことは、みんなが理解しています。

つまり、レベルの高い子たちと競う環境の中では、**「順位的な負け」をある程度受け入れながら戦う**というスタンスが必要になるのです。

ライバルは自分自身

「でも、東大生は負けず嫌いなんじゃなかったの？」

そういう疑問を持った方もいらっしゃるかもしれません。

そう、東大生は小さい頃から負けず嫌いです。

ただし、彼らのライバルは成長とともに変わっていくのです。

小さい頃は、家庭の中にいる親や兄弟。少し成長すると、身近な友だち。

ある時点までは、彼らはそういう自分以外の第三者と勝負して、そこで勝つ喜びや負けるくやしさを存分に味わっています。そして、それが彼らの伸びしろになっているのです。


ところが、高いレベルの目標に向かうようになると、まわりを気にしなくなります。

だからといって、勝負をやめたわけではありません。

では何と勝負をするのか?

それは、自分自身。つまり、**ライバルは「自分」**なのです。

大事なのは、自分との勝負に勝ち続けること。その事実に早い時点で気づいた子ほど、グンと成績が伸びるのです。

子どもに継続力をつけさせる４つの習慣

第４章

順位や偏差値はあくまでも目安

他人との勝負はまさに水もの。

たとえば、テストで自分がたくさんのミスを重ねても、まわりの子が自分よりたまたま多くミスをしてくれれば、その勝負には勝つことができます。

でも、それは本当の勝ちなのでしょうか？

もちろん、受験は最終的には絶対評価ではなく、相対評価です。だから、集団の中で自分の実力を測る尺度である順位や偏差値も、完全に無視することはできません。ただ、それはあくまでも目安であり、目標に向かう過程においては、上がった下がったと過剰に反応するのはナンセンスなのです。

順位や偏差値は、たまたま人より点数が良かったか、悪かったかを示す基準に過ぎません。前のテストよりも上がったからといって、自分の実力が伸びたとは限らないのです。

実力の伸びを測る上では、むしろ**得点のほうが重要**でしょう。有名進学校の中には、高3の夏頃までは試験の順位を出さないという学校が少なくありません。

それは、他人ではなく自分自身と競わせることでこそ、実力が伸びることがわかっているからなのです。

マラソンレースをイメージしてみてください。

普段なら2時間10分で走れる選手が、2時間15分で走ったとしても、まわりの状況によっては優勝することも不可能ではありません。しかし、結果的に伸びていくのは、一時的な順位よりも、あくまでもタイムを縮めることに注力した選手でしょう。

もちろん、タイムは天候などに左右されますし、テストの得点も問題の難易度に左右されます。でも、極論を言えば、どんな状況にあっても良いタイム、良い点数を出せる実力をつけておけば怖いものはないのです。

努力が反映される数値に注目する

伸びる子の親御さんは、偏差値はあくまでも目安であることをよく理解しています。ですから、偏差値で子どもを評価することはほとんどありません。

そして、このことは、実は子どものモチベーションを維持するのにおおいに役立っているのです。なぜなら、**その子の努力は偏差値や順位には正当に反映されない**からです。

大変な努力をして点数を伸ばしても、まわりの子がもっと点数を上げてくれば、偏差値も順位も上がらないし、下手をすれば下がることだってあり得ます。

人というのは、自分の努力次第で結果が変えられるからこそ頑張れるのであって、自分でコントロールできないものを動かすことにモチベーションを保てるものではありません。これは、大人でも難しいことでしょう。

子どもにモチベーションを維持させるために大事なのは、戦う相手は自分自身なのだという意識を持たせること。

そのためには、親御さんも、偏差値や順位ではなく、その子自身の努力がきちんと反映されるものに注目するクセをつけていただきたいと思います。

習慣 18

日記をつけさせない

「続ける＝ツライ」というイメージを刷り込まない

毎日、きちんと日記をつける。

これは、継続力をつけさせるためには有効な習慣のように思えます。

そのため、子どもが小さい頃から日記をつけさせている親御さんが多いのですが、私は、やや疑問があります。

習慣とは、**誰かに強制されなくても継続できること**。

「もうやったの？」と言われているうちは、それは習慣だとは言えません。

しかし、日記を毎日つけるのは、簡単なことではないでしょう。大人だって、続けられる人は少ないはず。

なのに、子どもに対しては、どうしても「やりなさい！」と強制することになりがちです。

そもそも強制されなければできないというのは、その子にとってハードルが高すぎるということではないでしょうか。

日記を書くことは、自分の内面と対話し、日々の生活を記録するという意味で、素晴らしい習慣です。ただ、それを強引に継続させるのは、本人にイヤな思いをさせるだけで、実は逆効果なのではないかと思います。

とくに、小学校低学年くらいまでの子どもに継続することの苦しさや難しさを味わわせてしまうと、後々とても苦労します。

どんなに勉強へのモチベーションが高まっても、それを継続できなければ成績を伸ばすことはできません。それなのに、早いうちに「続ける＝ツライ」というイメージが刷り込まれてしまうと、何事も最後までやり通せない子になってしまうのです。

ですから、小さい頃に積ませておきたいのは、**「続けられる」という成功体験**です。

そのためには、子どもが取り組みやすいテーマを取り組みやすい形で与えて、無理のない習慣を身につけさせましょう。

複数のドリルで勉強に変化をつける

詳しくは第5章でふれますが、小学校低学年のお子さんに習慣化していただきたいのは、毎日5分の計算ドリルや漢字ドリルです。

もちろん、これも、定着させるのは簡単ではありません。大人から見ればたった5分と思うかもしれませんが、そもそも勉強することが習慣になっていない子どもにしてみれば、毎日決まった時間に5分も机に向かうなんて苦痛でしかないのです。

その意味では日記と同じだと言えなくもないのですが、こちらのほうは、取り組む環境を整えることができます。とくに子どもの能力を伸ばす親御さんは、その工夫が非常にうまいのです。

たとえば、難関中学に合格した子を持つある親御さんは、お子さんが小学1年生の頃から、タイプの違う計算ドリルを5冊用意していました。そして、そこから自分の好きなものを選んで毎日5分取り組む、というテーマを与えていたそうです。

お子さんの飽きっぽさをあえて利用する作戦だったそうですが、この作戦がうまくいきました。

気がつけば毎朝机に座ることが当たり前になり、その子はこの習慣を1年生から6年生まで、見事に継続させたのです。ここで身につけた継続力が、受験期におおいに役立ったのは言うまでもありません。

子どもは単調さを一番嫌います。ですから、1冊の問題集でも、「好きなページからやっていい」というルールを設定するだけで、かなり継続させやすくなります。あるいは、漢字ドリルも一緒に並べて、計算でも漢字でもその日の気分で選んでいい、ということにしてみましょう。

楽にできるレベルでなければ定着しませんから、難しすぎる問題は避けること。その子が絶対解けるレベルのものを選ぶと効果的です。

3年生だから3年生用のドリルでなくてはいけない、ということもありません。いろいろな「作戦」を試してもどうしても続けられなかった3年生の子に、2年生用のドリルを与えてみたところ、うまく習慣化できたという例もあります。

習慣という意味では毎日が理想的ですが、どうしても難しいのなら、最初は週1回から始めて、週2、週3と少しずつ増やしていくのでもいいと思います。

「ドリルを5分やったら、ゲームを5分」というように、〝ごほうび〟をセットにするのもいいかもしれません。

最優先するのは続けること

内容云々よりも、とにかく継続させることを優先させましょう。

継続力さえついてくれれば、少しずつ負荷をかけていくこともできますから、気がつけば、毎日5分が朝晩10分になっているかもしれません。

先ほどの、2年生のドリルから始めた子も、ドリルをやることが習慣になる頃には、3年生のドリルにも楽に取り組めるようになっていました。

こうした継続力を、小学校高学年になる前にしっかり身につけさせておけば、その後の勉強の進め方が非常に楽になります。

高学年になってもまだ勉強の習慣が身についていない子でも、あきらめることはありません。とにかく、ハードルを低くして、少しずつでもいいから続けさせること。1日5分が無理なら1日3分から始めてもいいのです。

また、うまくいかないときは、本人を責めるのではなく、やり方を変えたり、仕切り直したりすることも大事です。ある方法でうまくいかなかった子が、別の方法では、三日坊主にならずに続けられたというケースもあります。

一番避けなければいけないのは、「自分は何をやっても続かない」という**負けグセをつけてしまう**こと。これは絶対にNGです。そのためには、いろいろな方法を試して、子どもに合ったやり方を見つけてください。

習慣 19

「本物」にふれさせる

子どもは「本物」にふれることで成長する

第2章で、テレビやマンガを読むことは夢を持つきっかけになる、と述べました。

ただ、せっかく夢を持っても、それを放置したままだとしぼんでしまいます。

せっかく抱いた夢を枯れさせないようにするためには、常に子どもの心に刺激を与えなければいけません。

では、刺激とは何でしょうか？

それは、**「本物」にふれさせる**こと。

マンガを読んで「プロ野球の選手になりたい」という夢を持ち始めた子には、少年野球のチームでプレイをさせてみる、野球場でプロの試合を観戦させる、といったリアルな体験をさせてあげましょう。

同じように、東大に行きたいという夢を持った子には、実際に東大のキャンパスに足を運ぶ、現役の東大生に会う、といった機会を与えるべきです。

そんなふうに「本物」にふれさせることが、子どもを夢に向かわせるモチベーションにつながるのです。

中学生は夢に対する熱意が下がる時期

こういう働きかけは、とくに中学生以降の子どもには欠かせません。

無邪気な小学生であれば、頑張れば夢は叶うと純粋に信じていられるでしょう。

しかし、中学生になると話は別です。現実の壁にぶち当たり、夢に対してモチベーションが一気に下がるのが、まさにこの時期。それは、**高校受験を控えた子にも中高一貫校に通う子にも等しく訪れる危機**なのです。

ですから、勉強にしろ、スポーツにしろ、中学生の時期にいかに刺激を与えられるかは、モチベーションを維持させるためにはとても重要なのです。

灘高校や開成高校などの有名進学校からは、毎年多くの生徒が東大に合格します。

それは、なぜでしょうか？

もともとレベルの高い子たちの集まりであることはもちろんですが、それに加えて、毎年たくさんの東大生が生まれる〝環境〟がつくられているからだと、私は考えています。

灘も開成も中高一貫校ですから、東大を本気で目指し、合格していくたくさんの先輩たちを目の当たりにしていれば、「東大に行く」という夢は十分にリアリティを持ちます。

だから、夢に対する情熱がしぼんでしまいがちな中学生の時期でも、彼らのモチベーションは高く保たれているのです。

それが、最終的に東大合格へとつながっているのでしょう。

東大生は特別な存在ではない!?

こんなふうに言うと、「うちの学校からは、そんなに東大に合格していないから」と言う人がいるでしょう。でも、悲観することはありません。本物の東大生や、東大を本気で目指す先輩・仲間が近くにいれば、それだけでもいい刺激になります。

実際、私の塾でも、東大生講師に指導を受けることで東大のイメージがリアルになるのか、高いモチベーションを保って東大に合格していく子がいます。

また、東大生に会えば、それまで抱いていたイメージが、良い意味で単なる幻想だったということに気づかされます。

東大生といっても特別な人ではなく、かつては自分と同じような中学生、高校生だったことを知り、逆に勇気をもらったという子もいました。


順調に成績を伸ばしていたお子さんの親御さんほど、モチベーションが下がっていくわが子の姿にショックを受けるかもしれませんが、そういう時期は誰にでも訪れます。だから、モチベーションが下がっても、あまり心配しないでください。

たとえ、夢への情熱を失ったように見えても、「**今は休憩の時期なんだ**」と開き直ることも必要でしょう。

モチベーションが下がっていることをただ嘆くのではなく、「本物」にふれる機会を積極的に探してあげる。その努力が、お子さんの意識を再び変えるきっかけになるのです。

ワーッ
ワーッ
ワーッ

習慣 20

何事も自分で決めさせる

親の夢や目標を背負っている子

夢や目標へのモチベーションというのは、それが自分自身のものだからこそ、持ち続けることができるのです。

こんなふうに文字にすると、そんなの当たり前ではないかと思われるかもしれませんが、三者面談の席で志望校を尋ねると、隣にいる親の顔をチラチラ見ながら答える子はたくさんいます。

「えーっと慶應？」「あと開成？」などと、自分のことなのになぜか疑問形の子も少なくありません。

なかには「慶應でサッカーをやりたいんだよね？」「文化祭に行って気に入ったんだよね？」と、その学校を志望する理由を滑らかに口にする親の隣で、「あれ？ そうだったっけ？」と言わんばかりの不思議そうな表情を浮かべている子さえいます。

これは、**親の夢や目標を背負っている子ども**にありがちな行動パターン。

このように、夢や目標が自分のものになっていない子は、モチベーションを保つのが難しく、途中で息切れして成績も伸び悩む危険性が高くなります。

自分の意思がなければ続かない

第2章でも述べたように、他の誰でもない自分の勉強（受験）という意識づけは、子どもを伸ばすためには絶対に欠かせません。

確かに、中学受験の場合は、親がある程度の方向性をフォローしてあげなければならないでしょう。しかし、たとえ「制服が可愛いから」といった単純な理由でも、本人が自分の意思で志望校に行きたいと思えるようにならなければ、モチベーションは維持できません。

そのために必要なのは、**「自分で決める」という段取りを確実に踏ませる**こと。

流れで何となく決める、というのは絶対に避けなければいけません。

ある親御さんは、中学受験にあまり乗り気でないわが子を奮起させようと、100校近い中高一貫校のパンフレットを集め、それを子どもの目につきやすい場所に置いておいたそうです。

あるとき、子どもが何気なくパンフレットに手を伸ばして、パラパラと眺めているうちに、「この学校の部活、面白そう……」と興味を示し始めたのだとか。

たまたま学校公開の日程が近かったので、そのタイミングで部活体験をさせたところ、すっかりその気になって、本気でその学校を目指すようになったと喜んでいらっしゃいました。その子のモチベーションが最後まで下がることはなく、見事合格を勝ち取ったのは、**自分で決めたという自負**があったからでしょう。

またお子さんが難関中学に合格した別のご家庭は、お父さんがパンフレット集めに奔走し、お母さんは説明会にせっせと出かけて情報収集。そして、両親から与えられた情報をもとに、大事な仕事（＝志望校を決める）をするのは子ども本人、という役割分担をされていました。

ご両親は情報を与えるだけで、子どもの選択には口を挟まなかったそうです。

子どもに継続力をつけさせる４つの習慣

第４章

まるでお母さんがディレクター、お父さんがＡＤ、そして子どもが主演俳優といった関係性ですが、私はこれこそ理想的な関係だと思っています。

自分で決めた志望校なら、合格する確率はグッと高くなりますし、仮に失敗したとしても、それを本気でくやしいと感じられるでしょう。

自分で選んだことに責任を負う

実は、これが重要なポイントなのです。

成績が大きく伸びるのは、このように高い自立心が身についている子、つまり、成功しても、失敗しても、**自分で選んだ目標に対する責任を自分で負える子**なのです。

中学受験に失敗しても、高校受験でさらに上のランクの学校に合格できる子。高校受験で失敗しても、大学受験で大逆転する子。さらに、今の社会で求められている人材になり得る有望な子は、まさにこのタイプです。

どんな小さなことでも構いません。お子さんには、「自分で決める」という段取りをきちんと踏ませてあげてください。

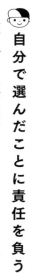

第5章

子どもの集中力を高める5つの習慣

習慣 21

「5分」の集中力をつける

ダラダラの1時間より集中の5分

小学3〜4年生くらいまでのお子さんにおすすめしたいのは、1日5分の家庭学習を毎日続けること。第4章では、「継続力」という観点から1日5分の計算ドリルの意義について述べましたが、ここでは「集中力」の面から、5分の家庭学習の重要性を考えてみたいと思います。

「集中力」を鍛えるためには、1時間の勉強を不定期でやるよりも、5分の勉強を毎日続けることに大きな意味があります。

「たった5分じゃ、少なすぎるんじゃない？」と思うかもしれません。

でも、小学4年生以下の子どもに30分勉強させたとしても、実質的な勉強時間は10分以下。ですから、**いかに密度の濃い勉強をさせるか**が重要なのです。

勉強している子どもの様子をよく観察していると、鉛筆や筆箱をいじったり、足をブラブラさせたり、あらぬ方向に視線を向けたりして、明らかに気が散っている時間があることに気づくでしょう。

つまり、机に向かっていても、その大半は勉強とは別のことをしているわけです。

しかし、こういう力配分が当たり前になってしまうと、ダラダラ勉強を続けることがクセになって、思うように効果が上がりません。勉強時間そのものは長いのに、伸び悩む子になってしまうのです。

かけた時間にふさわしい効果を上げるには、**たとえ時間が短くても、100%の集中力で取り組ませること**が大切です。中途半端に勉強に取り組む1時間よりも、本気で勉強する5分のほうが、（とくにこの時期は）価値があるというわけです。

もちろん、集中して取り組めるなら、5分が10分になっても15分になってもいいでしょう。

ただ、少なくとも小学校低学年の間は、無理に勉強時間を伸ばさないで、集中して取り組ませることを優先すべきです。そのほうが、後々の力になります。

小学校高学年でぶつかる壁

小学校低学年の頃から鍛えていれば、成長とともに集中できる時間は伸びていきます。理想的なのは、小学5～6年生になるまでに、40～50分程度は集中できる力を身につけておくこと。難関中学の合格を勝ち取るような子のほとんどは、やはり早い時期から高い集中力を身につけています。

もちろん、これは、中学受験をしない子にとっても重要なことです。

なぜなら、小学校高学年になると、学校の授業内容もグッと内容が濃くなり、**一定レベルの集中力がなければ理解できなくなる**からです。

中学生になれば、さらに高い集中力が求められますから、できるだけ早い時期からトレーニングを始めるに越したことはありません。そのスタートとして、小学校低学年は決して早くはないのです。

5 minutes!

習慣 22

スピードと基本を大事にする

「手が勝手に動く」ほどの集中力をつける

集中力を鍛えるには、どんな勉強をすればいいのでしょうか。

結論から言えば、簡単にできる問題をスピーディーに解くこと。つまり、**手の動きが止まらないような勉強**です。小学校低学年なら、漢字ドリルや計算ドリルのやさしい問題を素早く解いていくことで、確実に集中力が鍛えられます。

同じ問題を、ゆっくりやっていいと言われるのと、1分でやれと言われるのとでは、集中力に差が出るのは当然でしょう。

もちろん丁寧にやることも大事ですが、だからといってダラダラと時間をかけてやるクセがついてしまうと、後々苦労します。

極端なことを言えば、あるレベルの問題までは「手が勝手に動く」と感じるくらいの集中力と問題処理能力を身につけさせるのです。
たとえば、〝陰山メソッド〟として知られる「100マス計算」を完成させる時間は、小学5〜6年生で平均2〜3分だと言われています。一方、御三家と呼ばれる難関中学に合格するレベルの子なら、これを50秒程度で終わらせてしまいます。

実は東大の入試問題というのは、手が出ないような難問はあまりありません。代わりに、手間のかかる作業、つまり**処理能力が求められる問題が多く含まれている**傾向があります。小学生の頃から高い処理能力を身につけておくことは、東大入試にフォーカスする上でも圧倒的に有利なのです。

ひたすら簡単な問題を解かせる

この習慣には、スピードの他にもうひとつのポイントがあります。
それは、「簡単な問題」を解かせるということ。
親御さんの中には、テストの点数を上げるには難しい問題を解かせなければならない、と思っている方が多いようです。しかし、これは必ずしも正しくありません。子どものテストの点数は、**難しい問題ばかりやらせても良くならない**のです。簡単な問題を繰り返し解くことで、高い処理能力を身につけさせれば、難しい問題も少しずつ解けるようになっていきます。

解ける応用問題のバリエーションを増やすより、どんな問題にも対応できる基礎力をつけることのほうが大事なのです。

実際、東大に合格した子に勉強のコツを聞くと、ほとんどの子が「基礎問題をひたすら解いて実力をつけた」と答えます。

小学6年生から本格的に受験勉強を始めて難関中学の合格を勝ち取っていくような子も、このタイプ。基礎学力を十分に身につけてきているので、登山で言えば、7合目から登り始めるようなアドバンテージがあるのです。

習慣 23

休みの日にはダラダラする

伸びる子ほど「休み」が必要

東大生というと、「小さい頃から寝る間も惜しんで勉強してきた人」というイメージがあるのではないでしょうか。

でも、それは必ずしも正しくありません。

なかにはそういう人もいるかもしれませんが、私の知っている東大生は、必要以上に無理をしないタイプばかりです。

それは、東大生になったから余裕ができた、ということではありません。

彼らに話を聞くと、**休むことの大切さ**を親から教えられてきたというのです。

私の塾でも、着実に力を伸ばす子の親御さんほど、子どもを休ませるタイミングが絶妙です。たとえ、受験間際の時期であっても「今日は疲れているようなので、1時間早く帰してください」と迷わずおっしゃいます。

とくに精神的に未熟な中学受験期の子どもは、やる気だけが空まわりして、一見、元気そうに見えても体はボロボロ……ということが起きがちです。

ですから、親御さんの側の「休ませる勇気」が子どもを守ることになるのです。休ませたら負けだとばかり、子どもに必要以上の無理をさせてしまえば、当然子どもは壊れてしまいます。ですから、休ませるタイミングの見極めは、非常に大事です。

実は、**伸びる子ほど休みが必要**だという事実もあります。

なぜなら、伸びる子は「オン」の時間を集中して過ごしているから。

東大生は、受験期を振り返って、「休みがないとやってられなかった」とよく言います。これは、逆に言えば「やるべきときにしっかりと集中していた」という何よりの証拠でしょう。

また、できる子の親というと、常に規則正しい生活を心がけているのだろうと思っている人が多いのですが、必ずしもそうではありません。

平日は規則正しく過ごしていても、休みの日は、朝10時くらいまでゆっくり子どもを寝かせて、午前中はダラダラ過ごさせている、という人が驚くほど多いのです。

そうしたオフのダラダラが、オンの集中につながっているのかもしれません。

長時間頑張れる子は集中していない？

本来、集中力は、そう長くは続かないものです。だから、休みを取らなくても長時間勉強していられる子は、集中すべきときにダラダラしている可能性があります。

これは、ゆっくり休む時間を与えられないから、休みなしでやり過ごすための自己防衛策として、ダラダラしているのかもしれません。

子どもが長時間机に向かっていると妙に満足する親御さんがいますが、当然ながら、内容が伴っていなければ、大きな伸びなど期待できません。

大事なのは**メリハリ**です。

スポーツ選手は、ベストなパフォーマンスを発揮するために十分な休息を必要とします。勉強だって同じこと。適度の休憩や気分転換の時間を確保しなければ、良い効果は上がりません。

子どもが感じる習いごとの重圧

最近は、習いごとに力を入れる親御さんが多いようです。実際、私の塾の生徒でも、習いごとを4つも5つもやっている子は珍しくありません。

親としては熱心に教育しているつもりかもしれませんが、これが本当に良いことかどうか、改めて考えてみることが必要ではないでしょうか。

当然ですが、習いごとが多ければ多いほど、子どもには**想像以上の負荷**がかかっています。1つひとつに集中して取り組む真面目な子であれば、なおさらでしょう。

このことを、親はきちんと理解しておくべきだと思っています。

習いごと自体の時間は1時間程度だとしても、行き帰りの時間を加えれば、それ以上になります。それに、予定があること自体が子どもにとっては負担になります。見えない予習・復習を強いられていると言ってもいいでしょう。

子どもの集中力を高める５つの習慣

第５章

順調に成績を伸ばす子は、塾と水泳、塾とピアノといった感じで、習いごとがとてもシンプルです。そして、少なくとも週に1日は、まったく予定がない**完全休養の日**を持っています。

もっとも、できる子の親御さんも、子どもがもっと小さい頃にはたくさんの習いごとをさせていた、というケースが意外とあります。

ただ、そういう方は、子どもが小学校に入学するときなどに、習いごとの数を思い切って絞ったそうです。目的意識を持って続けられるかどうか、**本人とじっくり相談した上で何を続けるのか決めた**、ということでした。

「楽しいから」だけで続けない

一方で、「見ていると楽しそうに通っているから」「本人が続けたいと言っていて、やめるきっかけがつかめない」という声もよく耳にします。

それはある意味、当然でしょう。受け入れる側は「商売」ですから、子どもをいかに楽しませるか、やめたいと思わせないかに気を配っているのです。

だからこそ、小学校以降の習いごとは、単に「楽しいから」という理由だけで続けさせてはいけません。楽しい体験ができるから通っているなら、それは入場料が高い児童公園と同じです。

誰かに紹介されたからやめられない、友だちがいるからやめられないといった理由も聞きますが、そんな理由で通わせ続けるのは、子どもをムダに疲れさせるだけ。

また、習いごとが多いと、それを「宿題をやらない言い訳」にしてしまうことがよくあります。「習いごとが忙しかったから、宿題ができなかった」というわけです。

これでは本末転倒です。

もちろん、習いごとを減らせばすぐに成績が上がるというわけではありません。

しかし、習いごとに費やす時間が少なくなれば、時間的な余裕が生まれるので、子どもの精神的な負担は間違いなく減ります。その結果、**ダラダラできる時間**（＝**休息の時間**）**を確保することができる**でしょう。

このダラダラできる時間によって、勉強の集中度が増す可能性は非常に高いのです。

習慣 24

ゲームやり放題の日をつくる

夢中になった経験は勉強にも役立つ

遊びやスポーツ、音楽などに夢中になる経験を十分に積んでいれば、その集中力を勉強に生かすことができます。

小学生の頃に野球やサッカーに夢中だった子が、そのエネルギーを勉強に向けた途端、成績がグングン伸びたというケースは、まさにその典型例。

東大生に小さい頃の様子を聞くと、ほぼ全員が、野球やサッカー、ピアノやギター、そして将棋や鉄道などに夢中になった経験を持っています。

どんなことであれ、夢中になった経験が乏しいと勉強の集中力も弱くなります。

ですから、子どもの学力を伸ばしたいなら、**勉強以外の何かに夢中になるような経験**を意識して積ませる必要があるでしょう。

ゲームに対する集中力に注目したお母さん

スポーツや音楽は健全ですから、そういうものに集中できるお子さんは理想的です。

ただ、子どもは自分が好きなものでないと夢中になりません。

スポーツにも音楽にも興味がない子にそれを無理やりさせたところで、集中力のトレーニングにはならないのです。


以前、私の塾に、とても集中力が高いお子さんがいました。

そこで、お母さんに「お子さんの集中力の源は何ですか？」とお尋ねしたところ、返ってきた答えは意外なものでした。

スポーツにも音楽にもあまり興味を示さなかったその子が、唯一夢中になったのが**ゲーム**だったのです。

最初は眉をひそめていたお母さんも、子どもがあまりに集中しているので、これを「利用」してみようと考えたそうです。


確かにゲームなら、ほとんどのお子さんが夢中になります。その姿を見て、「この集中力を勉強に生かしてくれたら……」と、ため息をつくことは多いでしょう。

ただ、このお母さんは嘆くだけで終わらせず、「**これだけ夢中になれるなら、この子の集中力のポテンシャルはきっと高いのだろう**」と考えたのだとか。

そこで、週に1日だけ、とことんゲームをやっていい日を決めたそうです。

「待ちに待った〝ゲームの日〟だから、5時間や6時間では終わらないだろう」

そう覚悟していたそうですが、並々ならぬ集中力を発揮したからなのか、結果的にゲームに没頭していた時間は2時間程度……。

その後も「ゲームの日」は続いたようですが、回を重ねるごとにゲーム時間は短くなり、1カ月後には1時間もやれば十分満足するほどになっていたのだとか。

ゲームにのめり込んだ経験によって、この子は**集中する感覚**を完全につかんだのでしょう。そして、ゲームで培った集中力を、勉強に生かせるようになったのです。

「ゲームは勉強の邪魔になる」というイメージは強いですし、ゲームで遊ぶことを厳しく制限している親御さんには、抵抗を覚える考え方かもしれません。

ただ、ゲームにそれほどの力があるなら、集中力をつけるために利用するのも悪くないのではないか……。私はそんなふうに思います。

何かに集中した経験がないという弊害は、週に1回ゲームをすることによる悪影響より、はるかに大きいのです。

もちろん、目的は、ゲームがうまくなることではありません。あくまでも集中力を高めるためのトレーニングです。だから、自由に遊ばせるのは、週に1日で十分。

また、ダラダラやっているのは無意味なので、「集中力が切れたら終わり」というルールを設定することが大事だと思います。

習慣 25

家族の目の届く範囲で勉強させる

子ども部屋で勉強させてはいけない

受験コンサルタントとして家庭訪問に行くと、私は決まってお子さんが勉強している場所を見せていただくことにしています。そのときに注目するのが、勉強机。

不思議なことに、子ども部屋に立派な勉強机を置いているご家庭ほど、お子さんの成績が伸び悩んでいるという傾向があります。

私は、**小学生の間は子ども部屋で勉強をさせる必要はない**、と考えています。

一番の理由は、勉強をするのに適切な環境ではないから。

子ども部屋には、おもちゃやマンガなど、子どもにとって気になるものがたくさんあります。そんな環境でも勉強に集中できるのは、相当意識が高い子だけでしょう。

しかも、親の目が届かないわけですから、きちんと勉強することは奇跡だと言っていいくらいです。

もうひとつの理由は、子どもが**孤独を感じてしまう**こと。

子ども部屋は、家の中で隔絶された空間になりがちです。だから、いったん勉強を始めると、子どもは他の家族と引き離されたような感覚に陥ります。

とくに最近の子は、いわゆる「かまってちゃん」が多いので、この傾向はより強いようです。カフェやファミレスで試験勉強をしている学生がやたらと多いのも、孤独を感じる環境では勉強できない、という子が増えている証拠でしょう。

勉強とは孤独なものだと言ってしまえば、それまでかもしれません。

しかし、孤独になるのがイヤだから勉強したくないと考える子がいるのです。

そう考えれば、少なくとも小学生の間は、孤食ならぬ「孤学」を強いることは避けたいところです。

リビングを勉強の場にする

その意味では、近年流行りの**リビング学習**はとてもいいと思います。

リビングは家族全員が集まる場所ですから、孤独とは無縁です。

よく、「子どもが勉強している間、親は何をしていればいいですか？」という質問を受けますが、あまり難しく考える必要はありません。家族はそれぞれ自分のことをやっていればいいのです。

もちろん、テレビの音を絞るなどの配慮は最低限必要でしょうが、子どもの勉強に家族全員がつきあう必要はありません。

理想的なのは、お父さんは読書、お母さんは家計簿というように、同じリビングのテーブルで、それぞれが別の作業に集中している状態。これは「集中している人の邪魔をしない」というマナーを学ばせるのに良い方法です。また、「親の時間はすべて自分のためのもの」という甘えを断ち切らせるためにも、有効でしょう。

親が仕事をする姿は、子どものやる気を刺激します。ですから、勉強をしている子どもの隣で、持ち帰った仕事に取り組むのもいいと思います。

なお、ご家庭の事情によっては、リビングで勉強させることが難しいケースもあるかもしれません。そういう場合は、子ども部屋の扉を閉め切らないようにして、他の家族の気配を感じさせてあげるなどの配慮が必要でしょう。

勉強中は時計を見せない

子どもに勉強させるときに、できるだけ視界から外しておきたいものがあります。

それは、「時計」。

会議が長くなってうんざりすると、時計ばかりを見てしまうという経験は、みなさんにもあるでしょう。

それと同じで、時計を見ると、子どもは**終了時間までのカウントダウン**を始めてしまいます。そうすると、時間ばかりに気を取られ、勉強に集中できなくなるのです。

勉強する場所に時計を置かない。

あるいは、子どもの視界に入らない場所に移動させる。

これも、子どもの集中力を育む上で、ぜひ心がけていただきたいポイントです。

第6章

子どもを
うまく叱る
4つの習慣

習慣 26

子どもにきちんと言い訳をさせる

親の威厳を利用して怒らない

第1章でも述べたように、東大生を育てる親御さんはほめ上手です。

ただし、いつもほめていればいいのかと言えば、答えはノー。まだまだ成長過程にある子どもを相手にする以上、叱るべきこと、叱るべきときは当然あります。

年齢や子どものタイプによっては、ほめる場面より叱る場面のほうが多いケースもあるでしょう。ただ、子どもを指導する立場として痛感するのは、**「叱る」のは「ほめる」より格段に難しい**ということ。

たとえば、子どもが算数のテストで30点を取り、この点数に怒ったお父さんが、「次のテストで１００点を取らないと、承知しないぞ！」と脅したとします。

さて、子どもはどうするでしょう？

必死の思いで勉強して、本当に１００点を取るかもしれません。

でも、そうなったとして、手放しで喜んでいいのでしょうか？


親の威厳を利用して子どもを叱れば、表面的な効果はすぐに現れます。

ただ、これは怖くて勉強しているだけなので、親が怒らなくなると、すぐに勉強をやめてしまいます。

実際、名門中学校に合格しながらそのような事態に陥ってしまったお子さんは多く、親御さんから話を聞くと、みなさん、判で押したように、「小学生の頃は親の言うことをよく聞くいい子だったのに……」とため息をつくのです。

叱ることはコミュニケーション

では、子どもを伸ばす親御さんは、どんな叱り方をしているのでしょうか？

子どもとの接し方は人によって違いますが、間違いなく共通しているのは、**徹底的に戦う**ということ。

「戦う」というのは、力で抑えるのではなく、徹底的に子どもと向き合うことです。

つまり、子どもを伸ばす親御さんは、「叱る」場面を親子のコミュニケーションの時間としてとらえているのです。

「昨日は親とだいぶバトった（戦った）」というセリフを口にするお子さんを見ると、「ああ、この子は伸びるな」と感じます。単に叱られているだけなのですが、大事なのは本人が「親と戦った」という感覚を持っていることなのです。

子どもの言い訳をとことん聞く

では、子どもと「戦う」ために必要なことは、何でしょうか？

それは、子どもに**きちんと「言い訳」をさせる**ということ。

親には親の言い分があるでしょうが、子どもにも子どもの言い分があります。

それを「言い訳なんて認めない！」と強引に押さえつけてしまうのは、子どもから自分の意見を表明する機会を奪うことにならないでしょうか。

言い訳をとことん聞いた上で、何が正しいのか、議論すればいいのです。

最終的に、子どもが親の意見に従うことになっても、徹底的に自分の考えを述べて納得した後なら、子どもはその結果を受け入れます。

ですから、逆に子どもが十分納得していないうちは「戦い」をやめてはいけません。

何時間かかろうと議論をして、納得させて終わることが大事なのです。

面倒だと思うかもしれませんが、反論するのは**子どもが成長したという証拠**。

それに、大人の意見に無条件にひれ伏してしまう子は、一見育てやすくていい子のように見えますが、長い目で見れば、大きな伸びは期待できません。


私が塾で子どもを叱るときは、まず、自分が何について怒っているのかを伝えます。

そして、このときも、必ず子どもに「言い訳」をさせます。

その子が口下手なら、紙に書いてもいいと伝えることもあります。

もっとも、都合のいい「言い訳」を正当な理由だと言い張るケースもあり、その場合はまったく違う価値観をすりあわせるところから始めなくてはいけません。

結果、長い長いバトルになりますが、それでもこの過程を踏むことは、子どもを理解する上では大切なことなのです。

ただ、ごく稀《まれ》に、こちらが耳を傾けるべき理由が隠されていることがあります。

そのときは、私のほうが素直に間違いを認めて、受け入れます。そして、子どもに謝罪します。

納得できないのは気持ち悪いという感覚

叱るときに重要なのは、先ほどから繰り返しお伝えしている「納得」というキーワード。たとえキツく叱られても、親の言うことに納得できれば、子どもの意識は変わってきます。

もちろん、大人になるにつれて、納得できなくても受け入れざるを得ない、という場面に出くわすことはあるでしょう。

それでも、説得されるのではなく納得してから進む子、あるいは**納得できないまま進むのは気持ち悪い**という感覚が持てる子に育てることは大事です。

塾でも、できる子ほどよく質問してくるものです。

それは、「なぜ、そうなるのか」という筋道が納得できないと、気持ち悪いから。

「納得できないとイヤだ」という感覚になるのは、ちゃんと頭を使っている証拠ですから、それが勉強にも生かされるのです。

習慣 27

テストの結果が悪くても叱らない

子どもはできないことがあって当たり前

親が子どもを叱るときに、絶対やってはいけないことは何でしょうか？

それは、**子どもの能力不足を叱ること**です。

子どもはあくまでも子どもなので、できないことがあるのは当然です。

いくら責められても、できないものは仕方がありません。しかし、仕方のないことで叱られるのは、子どもにとってはあまりに酷なことでしょう。

子どもは報酬をもらって働いているビジネスマンではありません。

だから、たとえできないことがあっても、責任を負わせてはいけないのです。

たとえば、前のテストでは90点だったのに、今回のテストでは60点だったという場合、ほとんどの親御さんは「なんでこんな点数しか取れないの！」「怠けていたんでしょ？」と、子どもを責めがちです。

しかし、子どもを伸ばす親御さんは、いきなり叱るようなことはしません。

まずは、点数が下がってしまった理由を子どもと一緒に考え、その子から事情（言い訳）を聞きます。

そして、「難しい問題ばかりだった」「時間がなかった」など、明らかに実力不足による60点だったとすれば、その事実を受け止めるのです。

そういう親御さんを見ると、「ああ、この子はこの先伸びるな」と確信します。

1回のテスト結果に一喜一憂しない

子どもを東大に合格させる親御さんは、**「負け」を認めるのがうまい。**

これは、私がいつも感じていることです。

先に述べたように、難関校を目指すような子は総じて負けず嫌いです。だから、負けた（良い点が取れなかった）という事実を、なかなか受け入れることができません。

しかし、その事実を子どもに受け入れさせるのが非常にうまいのです。

実力不足だと認めることが、次へのモチベーションを高める原動力になるということを、よくご存じなのかもしれません。

一般的に、子どもを伸ばす親御さんがいつも意識しているのは、目の前の結果を**次にどう生かすのか**ということ。

興味があるのは1回ごとの点数ではなく、「その先」なのでしょう。

だから、点数がたまたま悪かったとしても、それで怒ることはしないのです。

もちろん、授業を聞いていなかったり、宿題や復習をサボったりして点数が下がったという場合は、きちんと注意しなければいけません。

しかし、親があまりにも目先の点数にこだわると、子どもは自分が何のために、どこに向かって勉強しているのかわからなくなってしまいます。

能力不足か努力不足か？

ただし、東大生を育てる親御さんは、「単純なミス」に厳しいという印象があります。

ある東大生は、テストで30点を取っても怒らない親が、計算ミスと漢字の間違いについては、異常なくらいに厳しかったと笑って振り返っていました。

そのおかげで彼は、計算問題と漢字問題は、いつも満点を取れるようになっていたそうです。これは親御さんの作戦勝ちだと言っていいでしょう。

こと勉強においては、失敗の原因が能力不足によるものなのか、努力不足によるものなのかを、正しく判断してから叱りたいものです。

ちなみに、単純なミスは、よく注意すれば防げたものですから努力不足。

その意味で、厳しく叱らなければいけないのです。

親子の間でこうした点が共有できていれば、子どもは自分にとって何が大事なのか、きちんと理解できるようになります。また、親も感情に任せて叱ることを防ぐことができるでしょう。

仕方ないことでは叱られない。

でも、努力しなかったら叱られる。

これは、親と子、両方にとって意味のあるルールなのです。

習慣 28

ときにはあえて感情的に叱る

子どもは感情の生き物

叱るときは、あまり感情的にならず、理路整然と叱ることを心がけているという方もいらっしゃるかもしれません。しかし、少なくともお子さんが小学生のうちは、**冷静に叱るのはむしろ逆効果**ではないかと私は考えています。

子どもというのは感情の生き物です。塾をサボった、宿題をやらなかった、ということに明確な理由があるわけではありません。

それに対して「なぜサボったのか、理由を言いなさい」とか、「サボった時間をどうやって取り戻すつもり？」などと、クドクドと理詰めで責められれば、子どもはもうその時点で面倒になって、親の言葉を素直に聞き入れなくなります。

親を納得させられる理由など最初からないのですから、結局、口先だけで「ごめんなさい」と言って、その場を取りつくろおうとするでしょう。

親が怖くて、二度とサボらないかもしれませんが、一方で子どもの心は親からどんどん離れていきます。お父さんによく見られるこういう冷静な叱り方は、部下を叱るときのやり方であって、子どもを叱るときには向かないのです。

子どもがこたえるのは親の涙

感情で動く子どもに対しては、あえてこちらも感情をぶつけてみせるほうがうまくいきます。たとえば、子どもが悪いことをしたのに反省の様子を見せないときには、大げさに感情を出すのです。

とくに効果的なのは**お母さんの涙**。

これは非常事態なので、子どもにとっては強烈なメッセージになります。

「理由もないのに学校をサボるなんて！　そのことがお母さんは情けない……」

そんなふうに嘆いて涙を見せられるほうが、子どもにはこたえます。

なぜなら、感情をあらわにする親御さんの姿の裏には、**自分への限りない愛情**があることを、子どもは敏感に感じ取っているからです。

ゲンコツされても子どもが傷つかないのは、ゲンコツの裏にその100倍の愛情があることをよく知っているからでしょう。

子どもはあくまでも子どもです。どこかで常に甘えたいという気持ちを持っています。ですから、いい親子関係を築くためには、愛情がたっぷりあることを前提に叱ることが大事なのです。

強い言葉で怒鳴ったとしても、冗談を最後に言って抱きしめる、頭をなでてやる、お尻をポンと叩いて頑張れよと声をかける……。

そんなふうに、決して叱りっぱなしにしないように心掛けてください。

習慣 29

人としての間違いは徹底的に叱る

「息子を一緒に叱ってほしい」という親御さん

東大生を育てる親御さんは、勉強のことで子どもを叱るということは滅多にありません。

「優秀だから叱る必要がない」という側面もなきにしもあらずですが、**勉強のことはあくまでも本人が解決すべき問題**だという意識が強いのは間違いないでしょう。

逆に、人間的に間違っていること、社会のルールから外れたことには非常に厳しく、人間としての土台を育てることに妥協しないという印象が強いです。

かつて、こんなことがありました。

少しずつ成績が伸び始めていた子の親御さんが、わざわざ塾にいらっしゃって、「息子を一緒に叱ってほしい」とおっしゃるのです。

聞けば、子どもが学校でいじめに関わっている気配があるとのこと。

直接手を出したわけではなかったため、学校からは何も聞かされておらず、まわりの人の話からその事実を知ったのだそうです。

「私も夫も、そういう行為が世の中で最も卑怯だと思っているので、絶対に許せません。だから、先生も一緒に叱ってください」と真剣でした。

なぜ、この問題が塾に持ち込まれたのか？

最初はその意図がわからず、私も正直少し戸惑っていたのですが、断る理由もないので了解することにしました。


さっそく勉強していた本人を呼び出すと、普段塾に来ることのないお父さんまで来ていることに驚いた様子でしたが、てっきり進路のことで何か話があるのだろうと思ったようです。

そのせいか、いじめの話を切り出すと、最初は意外そうな表情を浮かべていました。

事実確認も兼ね、まずは「言い訳」をさせてみたところ、主犯格は別の子だ、自分は直接加担していないと言い張るばかり。そこまで悪いことをしたという認識はなさそうです。

ただ、よくよく話を聞くと、彼のやったことはいじめっ子の背後から相手に小石を投げつけるようなことで、人間として明らかに間違っている行為でした。だから、ご両親と3人がかりで彼の間違いを厳しく正したのです。

最初はふてくされていた彼も、結果的に深く反省し、自分がどれだけ卑怯だったかを自覚したのか、最後は涙を流していました。

その姿を目の当たりにして、私はその親御さんの意図がハッキリとわかりました。**第三者を交えた非日常的な空間**で彼を叱ろうとしたのは、それがどれだけ重大な過ちなのかを彼に理解させたかったからなのです。

なぜ第三者と一緒に叱るのか

子どもに限らず、人間というのは、基本的に外面がいいものです。

ですから、人前で叱られると、プライドが大きく傷つきます。そのダメージは大人の想像よりも、はるかに大きい。

だから、子どもを人前で叱る際には十分配慮しなければいけません。

ただ、だからこそ、効果があるとも言えます。

この親御さんも、塾で自分の恥をさらされることが、その子にどれだけのダメージを与えるか、十分理解していらっしゃったでしょう。

ただ、そういうダメージを差し引いても、この子の間違いは徹底的に正すべきだと覚悟して、塾を叱る場所に選んだのだと思います。


また、このケースの場合、その子の行為が学校ではとがめられていない以上、家庭の中でいくら叱られても、その子にとってはそれが単なる「家庭のルール」だと認識されてしまう恐れがありました。

そうなると、親が見ていないところでは、そのルールが守られなくなってしまうかもしれません。

この親御さんはそれを防ぐために、第三者である私を巻き込んだのでした。

つまり、親としての価値観として叱っているのではなく、**社会で生きていく上で「人間」として守らなければならないルール**だと教えようとしたのでしょう。

人間性が直接成績を左右するかといえば、必ずしもそうではないかもしれません。最近ニュースを騒がせているように、名門校にも人間的な問題がある人物はいます。けれども、そういう人間をいつまでも受け入れるほど、世の中が甘いものではないことは、みなさんもよくご存じでしょう。

人間としての「土台」がしっかりしている子は必ず伸びる。これは断言できます。

そして、その土台をつくるのは、どんなに成績が良くても、**人間として間違ったことをしたら責任を持ってその行為を正す、という親の姿勢**。そういう親の確固とした姿勢こそが、本当の意味で子どもを伸ばすことにつながるのです。

第7章

子どもの
成績を伸ばす
5つの習慣

習慣 30

10分のスキマ時間を大事にする

「勉強はトータルで2時間」という発想

成績を伸ばすためには、最低限の勉強量を確保しなければなりません。

毎日30分勉強しただけで東大に合格するなんて、〝超〟がつくくらいの天才でなければ不可能でしょう。

もちろん、ただ時間をかければいいというわけではなく、質も大事なのですが、それでも「たくさん勉強をした」という事実が結果につながりやすいのは確かです。

もし、1日に最低2時間の勉強をしようと決めたら、普通は夜の8時から10時までというように、まとまった時間を取ろうと考えるでしょう。

ところが、東大生を育てる親御さんは「トータルで2時間」という発想で勉強をさせます。「トータルで」というのは、短いタームを積み重ねるということ。たとえば、朝食前の10分、準備を終えて家を出る前の5分、学校の昼休みに5分、学校から帰って塾に行くまでの30分、塾に行く電車の中で15分、塾の帰りの電車の中で5分、塾から帰ってきて夕飯を食べる前の20分、夕飯を食べてテレビを見てから寝る前の30分。これでトータル2時間です。

私の塾で働いている東大生講師の様子を見ても、スキマ時間の使い方に長けていて、こまごまとした雑務はできるときにササッと処理しています。締め切り間際にあわてている姿を見ることはあまりありません。

それを支えているのは、たとえ短い時間でも頭を切り替えて取り組める集中力だと言ってもいいでしょう。

おそらくこれは、「短い時間をムダにしない」という姿勢の大切さを、小さい頃から教え込まれてきた結果なのだと思います。

10分を意味のある時間に変える

このように、できる子を育てる親御さんは、10分の価値をよく知っています。たとえば、今が7時20分だとして、7時30分から見たいテレビ番組が始まるとしましょう。そういう場合、それまでの10分をただ何となく過ごしてしまえば、それは何も生み出さない10分です。

第5章で述べたように、もちろん休息も必要です。しかし、何となく過ごす時間は休息ではありません。単なるムダな時間です。

でも、この10分にサッと机に向かうことを繰り返せば、1週間で70分、つまり1時間以上。1カ月なら、6時間以上の勉強時間が確保できることになります。

1年間なら、3年間なら……とどんどん積み重ねていけば、たった10分に大きな価値があることに気づくでしょう。

実際にやってみるとわかりますが、10分間でやれることは意外とたくさんあります。たかが10分、されど10分なのです。

忙しくて勉強する時間がないという子やその親御さんは、「まとまった時間」にこだわりすぎているのではないでしょうか。

逆に言えば、「まとまった時間」を確保することにこだわるから、「勉強する時間がない」という悩みが生まれるのかもしれません。短い時間を有効に使うという発想さえあれば、勉強時間はいくらでも見つかるのです。

やるまで消せないメニュー

子どもは、ゲームの時間を見つけ出すことに関しては天才です。

見たいテレビが始まる前の5分、出かける準備を済ませた後の5分など、とにかくスキあらばゲームをしようとするでしょう。だから、子どもに任せるだけでも、スキマ時間を見つけることはいくらでもできます。

「勉強となると話は別でしょ」という声が聞こえてきそうですが、そこはやり方次第。

あるお母さんは、1日のうちにやるべきことをホワイトボードに書き出し、やったものから消していく、という方法を子どもに提案したそうです。

それぞれの課題は5～10分程度で終わるもので、それをいつやるかは本人の自由。

ただし、すべてが消えるまで寝られないという、ちょっと厳しいルールでした。

その子は塾の他にも週に3日サッカークラブに通っていて、忙しい毎日を送っていました。だから、勉強する時間の確保が一番の課題だったのです。

しかし、この方法を始めてからは、わずかな時間に自分でコツコツ取り組むようになり、地道に努力する姿勢が自然と身についたそうです。

サッカーも最後までやめずに受験に臨んだその子は、麻布中学に見事合格を果たしました。

短い時間だから集中できる

「こま切れの時間に勉強しても、気が散って集中できないのでは？」

そう思われるかもしれませんが、決してそんなことはありません。

短い時間だからこそ、集中できるのです。

もちろん、英語や国語の長文読解などはじっくり取り組むべきものですが、勉強はそれがすべてではありません。

計算ドリルや漢字ドリルの他にも、単語を覚えたり、歴史の年号を覚えたり、10分間できることはいくらでもあります。逆に、10分間という短い時間に集中できないようでは、50分も集中できるはずがありません。

入試の試験時間は、中学入試だったら50～60分、大学入試だったら90～150分くらいですが、1つひとつの問題にかける時間は、中学入試なら2～3分、大学入試でも10分程度。つまり10分は、1～2問の過去問に挑戦することだってできる時間なのです。

時間をこま切れにすると、勉強に対する精神的負担がグッと軽くなるという利点もあります。「さあ、今から2時間！」とプレッシャーをかけるより、「今、ここで5分」「この間の10分」と短い単位に分割して、トータルで2時間を目指すほうが、子どもをその気にしやすいはずです。

「チリも積もれば山となる」のは勉強も同じ。そして、むしろこうした「チリ」の蓄積こそが、子どもの能力を大きく伸ばす原動力となるのです。

習慣 31

家の中にたくさんの仕掛けをつくる

ソファのそばにスマホがある理由

東大生が育つ家の最大の特徴は〝仕掛け〟です。

家中のあらゆる場所に、勉強につながるものがさり気なく置かれているのです。

テレビのそばには世界地図か地球儀、ゆっくりくつろぐソファのそばにはタブレットやスマートフォン。

これらは、テレビを見ているときや、家族と話をしているときに、わからないことをすぐに調べられる仕掛けです。

他にも「同じ参考書を2冊用意して、1冊は本棚に、残りの1冊は家の中の別の場所に置いておく」「トイレに薄い問題集と鉛筆をセットしておく」「壁に漢字の一覧表を貼る」「お風呂に日本地図を貼る」というように、ありとあらゆる場所に勉強の機会が設けられているのです。

これは断言できますが、最初から勉強に前向きな子どもはいません。また、基本的に子どもは面倒くさがりやですから、5歩先にあるものに取り組むことすら高いハードルになります。

けれども、自然と視界に入ってくる、あるいは手を伸ばせばすぐそこにある、という環境をつくってあげれば、うっかりその気になったり、つい手を伸ばしたりするのです。

冷蔵庫のドアに四字熟語

あるご家庭の冷蔵庫のドアには、歴史の年号や英単語、漢字など、覚えなくてはいけないものがいくつも貼られていました。

のどがかわいたとき、ちょっと小腹がすいたとき、子どもは1日に何回も冷蔵庫の中身を見に行きますから、これは素晴らしいアイデアです。

冷蔵庫の前に立つたびに、イヤでも視界に入ってきますから、そのうちのひとつくらいは記憶に残るかもしれません。

ある東大生の家では、その子が小さいときから冷蔵庫のドアに日替わりで四字熟語が貼られていたそうです。その影響か、四字熟語の問題はずっと得意で、確実な得点源になってきたと語っていました。

彼は「自分が食いしん坊であることを、親がうまく利用したんです」と苦笑いしていましたが、このように、子どもの行動パターンを知ることも、仕掛けを成功させるコツでしょう。

必ず手にするものに細工をする

子どもの行動をよく観察していると、家の中に、その子が必ず手にするもの、必ず行く場所があることがわかってきます。

たとえばサッカーが好きな子の家には、高い確率でサッカーボールが転がっています。子どもは、1日に何度もボールで遊ぼうとするでしょう。

だったら、そのボールに仕掛けをすればいいのです。

子どもの成績を伸ばす５つの習慣

第７章

ある男の子の家では、家中に何個もボールが転がっていたのですが、そのすべてに漢字を書いた紙が貼ってありました。

「動くものに漢字を貼っても意味がないのでは？」と思うかもしれませんが、一瞬だけ見たものが記憶として定着する効果もそれなりに期待できます。また、毎日違う漢字を貼っておけば「今日は何だろう？」と興味を持つようになります。

子どもは、興味さえ持てば、手間を惜しみません。遊ぶ手を止めて、ボールを持ち上げて眺め、そこに書いてある情報をインプットするのです。

こんなふうに、親も遊び心をもってさまざまな仕掛けを楽しめば、家中に勉強のチャンスをつくることができます。

勉強の仕掛けづくりを、家族みんなで楽しんでいるのも、子どもを伸ばすご家庭の特徴です。

「今日の漢字は○○だね」と食事のときに話題にするなど、みんなで勉強するという空気をつくり出せば、子どもも仕掛けを素直に受け入れるでしょう。

子どもというのは、とにかく「自分だけが勉強させられている」という状況が大嫌いなのです。

ただし、せっかく仕掛けをつくっても、覚えることを強制したり、その効果を過剰に期待するのは、逆効果。子どもの反発を招いてしまいます。

「うまくいけば儲けもの」くらいの感覚で試してみると良いと思います。

習慣 32

成績の上下に一喜一憂しない

成績が落ちた意外な理由

グングン成績を伸ばす子はたくさんいますが、それは右肩上がりでずっと伸び続ける、という意味ではありません。

あくまでも結果として「伸びてきたね」ということであって、その過程には大小含め、さまざまな変動があります。

相手は成長過程の子どもなので、ささいなことが原因で急に成績が落ちたりすることもありますし、もちろんその逆もあります。

中学生になってから順調に成績を伸ばしていたのに、2学期になった途端ガタンと成績が落ちてしまったある男の子がいました。

何があったのか話を聞いてみると、２学期になって幸か不幸か好きな子の隣の席になり、ソワソワして授業に集中できなくなってしまったというのです。

それが原因だと知って、親御さんも私も苦笑いしたのですが、まあ、青春真っ只中の年齢ですから、こういうことも決して珍しいことではありません。

だからといって、何カ月もソワソワしているわけではありませんし、それが原因で成績が落ちていることを自覚できる子なら、落ち込み自体は一時的なこと。

気持ちを切り替えれば、また成績も上向いてきます。

成績の変化を予測できる親

親御さんの中には、子どもの成績の変化を事前に予測するのが抜群にうまい方がいらっしゃいます。

次のテストでは少し点数が下がりそうだ、あるいは一気に伸びそうだというように、数字の変化をある程度予測することができるのです。

なかには私たち塾の講師でも太刀打ちできないほどの鋭い勘を持っている方もいて、そういう家のお子さんは、ほぼ間違いなく東大合格を果たしています。

なぜそんなことができるのかというと、わが子の表情にいつも意識を向けていて、ちょっとした変化も見逃さないから。

学校でトラブルを抱えている気配、何かに浮かれていて勉強に身が入っていない気配、逆に勉強に意欲を燃やし始めている気配、それを敏感に感じ取っているのです。

そのせいか、一時的な数字の上下に一喜一憂することがありません。

たとえ成績が下がって、塾のクラスが下のレベルに下がってしまったとしても、その原因を知っているので、必要以上に不安にならないのです。

原因がわかっていれば、成績が下がった場合でも、その対策をとりやすくなります。

たとえば、疲れが溜《た》まっているようならゆっくり休ませればいいし、先ほどの男の子のような事情ならば、熱が冷めるのを待つことになるでしょう。

学校のトラブルを抱えている様子なら、じっくり話を聞いてあげたり、場合によっては先生に相談を持ちかけたりすることも必要かもしれません。

点数という「結果」を見てから対応を考え始める親御さんと、「原因」を先に予測して早めに対策を練ることができる親御さん。

どちらの家庭のお子さんのほうが〝回復〟が早いかは、火を見るより明らかです。
一時的な成績の落ち込みは、どんな子にもあること。大事なのは、それを一時的なものにとどめ、早めに回復させることなのです。

実力はテスト5回分の平均

普段のテストの結果というのは、その子の成績が伸びているのか落ち込んでいるのかを判断するものとしては、あまりあてにならないものです。

たまたまいつもの調子が出なくて点数が伸びないこともありますし、逆に幸運が重なっていい点数が出ることもある。すでに述べたように、偏差値や順位はまわりの子の状況も影響してくるものですから、なおさらです。

少なくとも、塾のテストの点数が1回や2回ものすごく悪かったとしても、必要以上にナーバスになる必要はありません。

5回くらいのテストの平均が、その子の実力なのだと考えることが、親子ともに不要なストレスを抱えないコツなのではないでしょうか。

習慣 33

模試の復習はさせない

自分を過大評価してしまう危険性

前項の話と矛盾するようですが、数字や結果だけを見るべき試験もあります。

それが模擬試験です。

模試こそ、解けなかった問題をしっかり復習して、次に備えることが大事――。

そう思っている方が多いのですが、この方法では模試という機会を１００％活用できないと私は考えています。

なぜなら模試の後に必ず復習する習慣がついてしまうと、そこに「やり直せる感」が生まれ、いつの間にか模試が単なる「練習試合」になってしまうからです。

模試の内容を復習していると、ここの考え方は合っていた、あと5分あればここは解けていたはず、というように、自分を過大評価してしまいがちです。

合格判定が50％でも、「解けたはずの問題を加味すれば75％くらいだろう」などと、都合よく可能性を上乗せしてしまう子もいます。

本番を戦うための自信を得るためには、そうした楽天的な考え方も必要なのですが、それは受験勉強の初期に限った話。

実際の入試は一発勝負で、合否は結果がすべてです。だから、受験まで半年を切ったら、たとえ模試でも本番と同じ覚悟で臨み、本当の意味での「模擬試験」にすることが大事なのです。そうすることでこそ、「本番」の経験値が上がっていくのです。

東大生の親御さんは、模試の結果を叱ることは滅多にありませんが、同時に言い訳もさせません。模試も、本番同様、結果がすべてだと考えているのです。私は模試とは、本来こういう使い方をすべきものだと思います。

試験の1年前にお弁当の中身を決める

ある親御さんは、第1志望校の試験日の1年前に、子どもが当日に着る服、当日の朝食、持っていくお弁当の内容をすでに決めていたそうです。

それは、本番さながらの状態で模試に挑ませるため。

つまり、模試の日にも本番と同じ朝食を食べ、本番と同じ服で会場に向かい、本番と同じ内容のお弁当を持たせるためだったのです。

さらに、模試については内容を一切無視して、結果だけを見ることを心がけたそうです。そして、厳しい判定が出たら、この試験は不合格だったから気持ちを切り替えて次の試験を受ける……という意識を持たせていたのだとか。

つまり、その子は模試でも本番レベルの緊張感を味わい続けたのです。


そして、受験当日。その子はこれまで何度も食べてきた勝負飯を食べ、いつもの勝負服を着て会場に向かい、試験の合間にはいつもの勝負弁当を食べました。

当然、緊張はしたようですが、その緊張はすでに何度も味わったことのある緊張です。だから、本来の力を発揮して、無事に第1志望の中学に合格を果たしました。

この子の緊張の経験値は、本番の意識で挑んだ模試によって培《つちか》われたのです。

解けなくていい問題もある

実は模試の問題には、実際の試験と同じく、簡単には解けない問題が含まれています。そもそも絶対に100点を取れないように作成されているのです。

確かに、本番でそうした問題が解ければ有利ですが、他の部分で差をつければいいわけですから、解けなくてもまったく問題ありません。あえて捨てるのも、ひとつの「技術」です。

ですから、解けなくてもいい問題に取り組む時間があるのなら、確実に解ける問題を増やすことに注力したほうが、いい結果につながります。

そういう意味でも模試に復習は不要なのです。

もうひとつ気をつけたいのは、いい結果が出た場合の対処法です。

本番と同じ意識で臨むとはいっても、模試であることには変わりないので、喜びすぎは厳禁です。あくまでも通過点における結果であることを忘れないでください。

これは、いわゆる滑り止めの学校に合格した際にも心に留めておきたいことです。

習慣 34

余裕を持って子どもと向き合う

気がつけば志望校が東大になっていた

子どもが小さい頃から「東大合格」という目標を掲げ、そのゴールに向かって親子で日々努力を重ねる――。

メディアなどでよく取り上げられるのは、こういう東大一直線タイプのご家庭です。

ただ、これは東大生の親御さんの一般的な姿とはかけ離れています。

冷静に考えてみてください。

そういうご家庭は珍しいからメディアに取り上げられるのです。

実際、私が見てきた東大生の親御さんも、東大に入ること自体には、さしてこだわっていなかったという方ばかり。

気がつけば志望校が東大になっていて、幸運にも合格できた、という感想を持っていらっしゃる方がほとんどなのです。

そのせいか、当の子どもが必死に受験勉強をしているときでさえ、親御さんから悲壮感を感じることはあまりありません。

もちろん受験を「楽しむ」ほどの余裕はないでしょうが、それでもお子さんが何かに挑戦するという過程1つひとつが愛おしいという感覚を持っていらっしゃるような気がします。

言い方を換えれば、お子さんが目標に向かって日々努力している時間を、東大に合格することでしか報われないようにはしていないのです。

子どもが小学生の間は、塾まで迎えに行き、親子で他愛のない話をしながら家路につく時間が何より楽しい。模試に送り出すときは、子どもと一緒にドキドキしていると笑って言える。

そういう親御さんがそばにいれば、お子さんも「今」が楽しめるようになります。

受験は戦争ではない

明日にでも勉強をやめたいという子はどうしても伸び悩みますし、良い結果につなげられないのも事実。

受験が終わったときに一抹の寂しさを感じられるくらいの子なら、たとえそのときは志望校に合格できなくても、次はさらに上のレベルの目標を達成できる可能性が高いのです。

〝受験戦争〟などという言葉がありますが、受験は戦争ではありません。

合格した人が勝ちで、不合格だった人が負けではないと私は思っていますし、子どもたちにもいつもそう伝えています。

大事なのは、合格することではありません。その経験を通じて何が得られたか、ということです。

たとえば、中学受験で残念ながら合格を勝ち取れなかったとしても、少なくとも受験に挑んだという経験はムダになることはありません。

そういうおおらかな考え方ができる親御さんであれば、たとえお子さんが大きな挫折を経験しても、対話をしながら気持ちを立て直していくことができます。

中学入試で失敗して東大に合格した子

受験直前になっても、志望校の合格率がなかなか上がらない子がいました。

合格率が30％くらいで低迷し、一向に数字が良くならないのです。

今後の方針を相談したところ、その子の親御さんは、こうおっしゃいました。

「中学入試はあくまでもプロセスなので、合格できるかどうかにはそれほどこだわっていません。受験すること自体が大事で、その経験が今後の長いあの子の人生の中で意味を持つのだと思います。だから、志望校を受験するかどうかは、子どもの決定に委ねたいと思っています」

その言葉を聞いて、何と素晴らしい親御さんなのだろう、と感動したのを今でもよく覚えています。

結局、彼は合格率30％の学校に挑戦することを選びましたが、残念ながら、合格はかないませんでした。彼が合格を勝ち取れたのは第3志望の学校だけでしたが、中学受験の経験が彼に与えたのは、挫折感ではなく、難しい学校に挑戦することができたという誇りと自信でした。

それによって彼はひとまわりもふたまわりも成長し、それから6年後、なんと東大に現役合格したのです。

子どもと同じペースで歩いていく

普通の子が5しか伸びないところで、一気に10伸びる子がいます。

私の経験からすると、10人にひとりくらいの割合でしょうか。

そして、そういう子のそばには、目先のことにとらわれないで、子どもの成長を長い目で見守れる親御さんの存在が必ずあります。

こういう言い方をすると、子どもの意思を全面的に尊重して、何も子どもに求めない人のようなイメージを持たれるかもしれませんが、そうではありません。

東大生を育てる親御さんも、子どもに「こうなってほしい！」という将来のイメージは持っています。

子どもの成績を伸ばす５つの習慣

第７章

しかし、その要求を無理やり子どもに理解させようとしたり、自分の願う理想像に子どもを引っ張っていくようなことはしません。

そこにあるのは、余裕です。

お子さんと一緒に、足下に咲いている小さな花に目を向けようとするし、行く手を阻む大小さまざまな石を払いのける手間も惜しみません。

あるいは、道がわからなくなった子どもと一緒に、立ち止まって考えることもあるでしょう。

東大に目標を絞ったとしても、ゴールにたどり着く道の数は無数にあり、ひとつとして同じものはありません。そして、その数は子どもの数だけ存在します。

ベストな道を探し、親自身もその歩みを楽しみながら、子どもと一歩一歩進んでいく――。それが、東大生を育てる家の親御さんのイメージなのです。

おわりに

最近の子どもたちは勝負を避けようとする傾向がある――。

本書の中で、私はそんなお話をしました。

実を言うと、これは親御さんの傾向でもあります。塾の面談にいらっしゃった親御さんに「どこの学校を狙いますか?」と聞くと、受験までまだ1年以上もあるのに、「この子の実力で狙える学校でお願いします」と言われることがとても多いのです。

実力相応の学校を狙えば、当然合格できる可能性は高くなるでしょう。

子どもに無理をさせる必要もありませんし、親としても安心かもしれません。

でも、私には、それが本当にもどかしいのです。

今、社会は大きく変わりつつあります。ＡＩ(人工知能)の開発を例に出すまでもなく、科学技術が大変なスピードで進歩を遂げています。

今の子どもたちが大人になる頃には、単なる知識や小手先の技術では生き残っていけない世の中になっているでしょう。そして、その大変な社会状況の中では、「東大卒」の肩書も、決して有利になるとは言えないのです。

では、これからの時代に必要なこととは何か？

それは、現状に甘んじることなく、強い意思を持って目標に向かっていく挑戦力でしょう。それは、自分の限界に挑む経験を何度も重ねてこそ身につくものです。

受験そのものに成功したかどうかは、それほど重要ではありません。

大事なのは挑戦するというプロセスです。

極端なことを言えば、それができた時点で、もう成功したも同然なのです。

だからこそ子どもたちには、もっと積極的に勝負してほしい。そして、親御さんにも、わが子を困難な課題に挑ませる勇気を持っていただきたいのです。

それにはまず、お子さんの可能性を誰よりも信じてあげてください。そして、それを伸ばす手助けをすることで、お子さんの挑戦を後押ししてあげてください。

それこそが、親がわが子のためにしてあげられる、最大の仕事なのです。

富永雄輔 （とみなが・ゆうすけ）

進学塾VAMOS代表
幼少期の10年間、スペインのマドリッドで過ごす。

京都大学を卒業後、東京・吉祥寺、四谷に幼稚園生から高校生まで通塾する進学塾「VAMOS（バモス）」を設立。入塾テストを行わず、先着順で子ども受け入れるスタイルでありながら、毎年約8割の塾生を難関校に合格させている。

なかでも、中学受験部は、学年・レベル別で分けた少人数の「寺子屋」スタイルを採用。生徒の志望校に沿った指導法で確実に結果を出すことで注目されている。受験コンサルティングとしての活動も積極的に行っており、年間300人以上の家庭をヒアリング。その経験をもとに、子どもの個性にあった難関校突破法や東大生を育てる家庭に共通する習慣についても研究を続けている。

著書に『「急激に伸びる子」「伸び続ける子」には共通点があった！』（朝日新聞出版）。『日本一の算数ドリル』（プレジデント社　共著）などがある。

●進学塾VAMOS
http://www.vamos-kichijoji.com

<著者エージェント>アップルシード・エージェンシー
http://www.appleseed.co.jp

東大生を育てる親は家の中で何をしているのか?

２０１７年7月25日　第１刷発行
２０１８年10月15日　第３刷発行

装丁　大場君人
イラスト　いしいゆき
編集協力　熊本りか
編集　木田秀和
発行者　山本周嗣
発行所　株式会社文響社
〒105-0001　東京都港区虎ノ門2-2-5 共同通信会館 9F
ホームページ　http://bunkyosha.com
お問い合わせ　info@bunkyosha.com
印刷　日本ハイコム株式会社
製本　大口製本印刷株式会社

 ISBN コード：978-4-905073-95-6 Printed in Japan
この本に関するご意見・ご感想をお寄せいただく場合は、郵送またはメール（info@bunkyosha.com）にてお送りください。